固定语研究

王吉辉 著

南开大学出版社

天 津

图书在版编目(CIP)数据

固定语研究 / 王吉辉著. —天津：南开大学出版社，
2009.4
（南开汉院学者文丛）
ISBN 978-7-310-03107-8

Ⅰ.固… Ⅱ.王… Ⅲ.汉语－语法－研究 Ⅳ.H14

中国版本图书馆 CIP 数据核字(2009)第 029923 号

南开大学出版社出版发行

出版人：肖占鹏

地址：天津市南开区卫津路 94 号 邮政编码：300071

营销部电话：(022)23508339 23500755

营销部传真：(022)23508542 邮购部电话：(022)23502200

*

河北省迁安万隆印刷有限责任公司印刷

全国各地新华书店经销

*

2009 年 4 月第 1 版 2009 年 4 月第 1 次印刷

787×960 毫米 16 开本 13.875 印张 4 插页 193 千字

定价：28.00 元

如遇图书印装质量问题,请与本社营销部联系调换,电话:(022)23507125

出版前言

在汉语加快走向世界的潮流中，南开大学汉语言文化学院出版"学者文丛"，就是要提倡研究汉语规律，拓展文化传播，总结教学心得，弘扬学术精神。

汉语的研究是世界语言研究的组成部分。

汉语的研究是要探寻古今汉语的发生、发展、演变、创新、完善的内在机制和规律、外部环境和条件，探寻汉语内部的结构、元素、规则和格局，探寻它们相互之间的依存、制约、互动的状态和趋势，探寻汉语跟周边民族、周边国家的各种语言的互相渗透、互相影响给汉语和对方语言带来的变化动因和变化结果，探寻汉语作为中华文化的一种载体如何不断完善其记录、表达、传播功能及其适应能力和创造能力，探寻汉语作为汉民族乃至整个中华民族的交际媒介如何适应国家和民族的繁荣振兴而"日日新、又日新"。也就是说，对汉语本体既需要宏观的综合的研究，也需要在各个不同层次上进行分门别类的微观的研究，还需要在相关的领域进行交叉的研究。

汉语的研究也要为汉语教学提供理论和方法的依据。特别是汉语作为第二语言的习得研究是基于汉语本体研究之上的应用理论研究。只有达到相当程度的国际化的语言，才会成为第二语言习得研究的对象。世界上这样的语言为数不多，汉语就位列其中。汉语的本体研究和应用研究相互促进，定会取得新的进展。

和世界范围内的"汉语热"同步，悠久的中华文化传统在当今世界得到广泛的传播。语言和文化密不可分。文学是语言的艺术。一种民族的语言就蕴含了这个民族的文化。语言的传播跟文化的传播相辅相成，我们在讲授汉语的同时，必然还要传习中华文化，要有中华文化与异文化之间的比较和交流，进而成功实现跨文化交际。这些现实的因素会引发对于中华文化更为深入的思考和探索。

语言教学是把语言和文化的研究付诸实践，是应用学科。面对学生，如何驾驭课堂，需要有学识，有方法，有激情。作为教师的最大欢乐，就是亲眼看到通过自己的传授和讲解，学生学会了新的知识和新的技能。因此，教师的职业应该是一种充满欢乐的职业，每一节课都可以看到学生的进步，从而在心中产生成就感。好的教学模式会增强这种成就感。

南开大学汉语言文化学院已经走过了十五年的历程。如果从当年邢公畹先生赴莫斯科东方大学教授汉语开始，那么南开大学把汉语作为第二语言进行教学已经将近五十五年了。这半个多世纪以来，从南开大学走出去的汉语学习者已经数以万计，他们今天活跃在世界各地各个领域，其中有许多已经成为各国汉语教学的骨干。诚如古语所说："教学相长。"在这个过程中，南开大学汉语言文化学院也成长起一批中青年学者，他们在语言学研究和语言教学研究的第一线崭露头角，他们的著述已经开始在这个领域产生了影响。为了推动学术的交流，为了鼓励更多的中青年学者跻身学术研究的前沿，我们推出这一套丛书，应该是不无裨益的举措吧。

在南开大学 90 周年校庆来临之际，这一套丛书也是我们敬奉的校庆献礼。

南开大学汉语言文化学院
2008 年 10 月 1 日

固执守旧与标新立异

——代序

刘叔新

学术研究者无不明白，争鸣是积极现象，能起推动学术发展的巨大作用。大率发表一篇论文、出版一部专著，都会为自己加入争鸣而高兴：有的出于自信高明，可能还会感奋终日。但是争鸣要实现什么目的？加入到争鸣里来，应持何种态度？这样的问题，认真考虑一下的人似乎不多。一般从开始接触"百家争鸣"这个习用语，了解它所源史实时起，即知晓争鸣有助于增进认识，可以使事理越辩越明。但这大多成了虚悬于心胸的空洞原理——很少同个人的争鸣实践挂上钩。

如此一来，因别人识见胜于己而嫉恨者有之，因别人击中己见弊陋而恼火者有之。更有于文中向观点对立者倾泻不满的，或有意贬抑，或讥言相向，甚至恶语中伤。由是往往引发争吵恶斗，演出幕幕斯文扫地的学界丑剧。

更多见的、也是更可怕的对争鸣的扭曲和损害，是表面上似寻常论述，无任何激烈或出轨的表现，实质上立论的立场和趋向同争鸣的宗旨完全相背离：不是去探索真理、彰显真理或推助真理传布，而是拒绝真理、阻抑真理，把追求真理儿戏化。

这有两种似乎做法上彼此截然相反的表现。然而它们都与争鸣背道而驰，在这点上并无二致：

其一为固执守旧。

学术发展的每个时期，都难免会有持守旧立场的保守学者。出现若干数量的守旧者并不可怕，因为他们大多最终会在新观点、新方法、新事理面前臣服。可怕的是某些保守学者，一味抱残守缺，明知理亏也僵硬守立在誉封的"传统"领域，不肯向真理的方向移动一步。当代学界就有这样的学者，囿于浅近读物推出的定义界说，将之奉为金科玉律，对深入事象本质而悖于运类定义界说的科学论说，反视为异端，或揶揄、鄙弃，或掩目避之，或闭目不纳。他们当中有将一己护卫"传统"的迂论铺展为洋洋大观的博士论文的，令人惊异。论文对所列各家观点只略为介绍，不呈其得失，更不提褒贬扬抑之理由，轻轻带过，纯按学术论文设"帽子"规程走形式。而更可惊的是，保守论点一提出便径直定案，论据无影，论证阙如。持保守之见的主要理由，据说乃为多数人都如是观！这避开理论争议、欠缺理论性内容的博士论文，就既不解决理论问题，又难以真正指导实践、解决实践方面的问题。可是它以一般著作的形态公开出版，巩固了保守见解影响，绵延了陈旧观念寿命，实可令人扼腕叹息。

其二为标新立异。

表面上，标新立异似不易与创新区别开。标新立异者不是多以"我主观上要创新"来自我辩护吗？当然，虚伪的掩饰很难瞒住别人。无论主观还是客观，标新立异实质上与创新相去万里。前者是假创新，无科学根据，不符合事物本质或发展规律，所"标"所"立"注定不能长久立足；后者才是创立出科学的新道理、新观念，或者开拓出适应于事物发展的新境域、新途径，创造出有光明发展前景的新事物。

标新立异者，诚然有的并非有意出奇标异、卖弄机巧，而是诚意求新、率真示理；不过他们不理解创新的实质，欠缺创新的个人条件，以异为新，模糊正误，以致所标之"新"沦为怪诞，所示之"理"鲜能服人。更多的标新立异者，恐怕确然出于有意发新奇之见，求获创新之誉。他们即便已看出争鸣中委实某方之见有理，或已心知肚明业师长辈之见正确，却也不愿服膺真理：不甘附和他人的合理观点主张，不愿循随业师长辈的正确途径，非要独辟蹊径、另提出新异之见不可。不如此，不能显示所谓个人研究特色，不能明宣我行我素、走自己设划的路。于是乎，不管这新异之见是否有充足理据，是否说得通、站得住，发表出来只要创新之誉到手、独特之路踏上就行。机巧凑效，这些当事者必踌躇满志或沾沾自喜吧！殊不知，站不住的新异之见提出来，不仅败坏提出者的学品声名，而且必徒然给事理的辨明添乱加难。其后果，直可严重至模糊是非或堵塞通向真理之途，甚而折损初冒的真理幼芽。这样的情况，频见不稀，是可怕而又可悲的。

学术研究，学术争鸣，都应当唯真理是求。舍此所求，借护守传统或从众的正面意由，而固执作负面的守旧，借创新之美名，而任意行标新立异之劣实，都是自欺欺人、害己害人，客观上是给学术的健康发展设栏加障。但愿固执守旧者幡然弃旧纳新，标新立异者转向踏实探索、真实创新。寄望将来，追求真理、务从真理，能在学界蔚为风气。那时，学术必可在康庄大道上飞驰前进。

2008 年秋
写于南开大学龙兴里小区韵缕斋

目　录

§1 固定语的性质及其范围

1.1 固定语的性质

固定语作为术语，它的提出是 20 世纪 80 年代的事情。此前，学术界对类似现象习惯上用固定词组来称呼。比较而言，固定语因为更能和熟语以及从中划分出的其他各类"语"——成语、惯用语、歇后语等的名称体系一起来而逐渐地为社会所选用。从实质的方面来讲，它与固定词组毫无二致。

固定词组（固定语）相对于自由词组而言，是作为自由词组的对立面被人们提出来的。本源上看，固定语一如固定词组字面所表达的，就是词的固定组合。这就是说，从结构的角度对固定语作出界定最合乎其命名之初的本意——也只有这样，才最合乎于理论上将它看作自由词组的对立面。

根据这种理解，固定语至少应该具备这么几项基本特质：第一，这种单位须大于一个词；第二，它是现成的，结构上具有某种固定性；第三，它须是词组。因此，像汉语中的"走后门"、"跑龙套"、"总而言之"、"捡便宜"、"亦步亦趋"、"百折不挠"、"中华人民共和国"、"中国人民解放军"、"先天性心脏病"、"不管三七二十一"、"冒天下之大不韪"、"竹筒倒豆子———一干二净"、"黄鼠狼给鸡拜年——没安好心"等，像英语中的"on air"、"put on"、"in the evening"、"up and down"、"insist on"、"make up"、"catch up with"等，都完全合乎作为固定语所具有的上述诸特征，没有理由不将它们认定为各自语言中的固定语。至于像"常在河边走，怎能不湿鞋"、"留得青山在，不怕没柴烧"、"各人自扫门前雪，休管他人瓦上霜"、"满招损，谦受益"、"团结就是力量"、"书籍是人类进步的阶梯"、"Where there is a will, there is a way（有志者事竟成）"、"Never too old to learn（活到老学到老）"、"Seeing is believing（百闻不如一见）"、"Gold can't be pure and man can't be perfect（金无足赤，人无完人）"等谚语、名言、警句，由于都是成句的表达而不得不将它们排除在各自语言的固定语范围之外。①

1.2　固定语的确定

在什么是固定语的问题上，与它自身表达相关的一些因素，比如，组合形式的长短、意义表达的复杂与否以及它们是否体现了复杂概念，等等，都曾经不同程度地被人们用来作为鉴别的标准或标准之一。而这些"标准"，不只逻辑上扞格难通，而且实际判断中存在的问题更是不少。

1.2.1　音节组合形式的长短与固定语

固定语音节形式上大多以三、四音节为主。这给社会一种错觉，音节形式与固定语之间似乎多多少少存在着某种暗合的内在关联。因此大凡论到固定语或者固定语中某一类别时，人们总是因此习惯性地

---

① 有关为什么要将名言、谚语等排除在固定语的范围之外的分析，可参看刘叔新先生所撰《固定语及其类别》一文（《词汇学和词典学问题研究》，天津人民出版社，1984）。

将音节组合形式的长短考虑进来。

然而，单纯地凭着音节形式或者将其当作条件之一来判断固定语，问题都不少。一方面，这不合乎理论分析。固定语是词的组合，须以词为建立的基础。换言之，只要是词的组合，且彼此之间具有一定的固定性，即可看作固定语，而作为固定语建立基础的词不见得都是双音节的——单音节的词又何尝不可以？或者，由不止两个的双音节词组成也未必就一定不行。说到底，音节形式的多少与一个词组能否最终成为固定语毫无关联，至少逻辑上应是如此，这样一来，所谓的"三音节"、"四音节"等形式标准就更无从谈起了。

另一方面，退一步说，即便三音节、四音节是固定语的主要存在状态，那也只是就其中的一般情况而言的。现代汉语中，非三音节、四音节而被普遍认同为固定语的情况绝非个别。除却歇后语不论，单拿通常所见到的情形来说，就可以举出双音节的"语"，比如"高一（高中一年级）"、"大一（大学生一年级）"、"研一（研究生一年级）"、"中超（中国足球超级联赛）"等，超出四音节的"语"，比如"冒天下之大不韪"、"玩弄于股掌之上"、"不管三七二十一"、"一推六二五"、"含笑于九泉之下"、"八字没一撇"、"八九不离十"，等等。

音节形式方面的情形可以将其归纳为形之于外的倾向性特征，但将它作为固定语的鉴别标准或者标准之一，显然就很不足取。

1.2.2 概念的复杂性与固定语

概念的复杂性主要包括这么两种情形。一种指复合概念，它不是单一的，而是多个概念的叠加与复合。大部分词原本就各自独立承担着某个概念的表达，在成为固定语的构件之后，原先表达的概念有相当一部分被原封不动地移用了过来，整个固定语表达的概念因此就是复合的，比如"精神文明"，其表达的概念就是集"精神"的概念与"文明"的概念于一起，是它们两者的复合——藉此表达着复杂的概念。与之类似的情形不少，像"物质文明"、"超级大国"、"请客送礼"、"试管婴儿"、"科学研究"、"研究讨论"、"公共关系"、"环境保护"、"公共汽车"等莫不如此。

另一种指复杂概念，也即，概念形成所需要加以综合的区别性特征较多，可它们又都是该概念形成所不能不去概括或体现的。比如"数字电视"，它所表达的概念不是"数字"的概念外加"电视"的概念就可以简单地复合形成，它指称的是一个复杂概念，而"数字"与"电视"刚好是这概念中两个重要区别性特征的体现，是该概念形成所不可缺少的。医学术语"先天性获得性免疫缺损综合症"亦是如此，尽管整个术语的组合形式很长，但其中的"先天性"、"获得性"和"免疫缺损"所反映出来的特征，都是这"一个"概念形成中的有机组成。这类的例子还可以举出如"数码相机"、"数字无绳电话"、"北京大学"等。

若将概念的复杂性限定于上述范围的话，那么，全部固定语体现的概念，毋庸置疑，都是复杂的。既然这样，社会可不可以依据概念的复杂性来鉴别固定语呢？回答是否定的。因为，一来，概念属于思维领域，拿它来作为语言范畴的固定语的鉴别标准，不合逻辑，得出的结论也因此难以让人信服；二来，要是可以将它作为标准的话，那么我们将不可避免地面临着无法把固定语与自由词组进行有效切分的窘境——要知道，自由词组也完全可以用来表达复杂概念。

再者，复杂概念的表达未必都会用到词组。语言中，一些词也可以体现出较为复杂的概念，这其中最为典型的要算是缩略形式。比如，"解放军"是一个词，它实质上体现的是"中国人民解放军"的概念；"四化"已经凝固成为词，其体现的概念尤其复杂：工业现代化、农业现代化、国防现代化、科学技术现代化。

以上分析清楚地表明，固定语概念表达上有其明显特点，人们完全可以从概念表达上将它与相邻的一些语言单位比如"词"、"句子"等进行分析比较。不过不能反过来，从概念表达的角度来推断一个语言单位能否成为固定语。

1.2.3　意义表达的复杂性与固定语

学者们在谈到固定语时，总不忘提及它在意义表达上的复杂性特点。客观的情况也确是如此（详见 1.3）。不过，这是相较于词而非句子来说的。

既然这样，那么，可不可以将意义表达是否复杂用来作为鉴别固定语的标准或标准之一呢？较之于概念的复杂性，用它来作为鉴别的标准或者是其中的标准之一，至少不会存在逻辑上的任何障碍。然而，作为标准，理论上站得住脚是一方面，而且是很重要的一方面，但若仅仅是这样，恐怕还非常不够——它还须要接受实践的检验——社会还要能凭借着它来划定出合于普遍语感的成员来。而这一方面，它表现得难如人意。试比较下面两组例子：

A 组	B 组
待业青年	我们班级
乡镇企业	家庭企业
单亲家庭	双亲家庭
民意测验	单元测验
逢年过节	正面教材
养儿防老	上班时间
……	……

A、B 两组在意义的表达上具有共性：都不是单纯的——其意义需要通过对构成成分意义的再加工来获取，无疑都具有复杂性。但社会对于它们的性质认定却存在差异：通常地，A 组被看作固定语[①]，而 B 组则被当成了一般的自由词组。

作为一项标准，如果连与之相邻的自由词组都无法进行有效切分

---

① 当然，它们的固定程度会存在着一定的差异。

的话，那么，这个标准本身是否够格就十分值得怀疑。这么看来，从意义表达复杂性的角度来判别固定语实践上面临着很大的困难。其实，一个比词大的语言组合能否最终成为固定语，这主要取决于它们结构上是否固定，与所在单位意义表达是否复杂并没有必然的对应关系。

不过，这不意味着，意义表达在固定语的鉴别中毫无作为。一方面，它可以为基于结构基础之上的固定语的典型程度分析提供某种佐证；另一方面，在固定语内部更细小类别的划分中，它也会起到十分重要的作用，甚或就是一个可依据的标准之一（详见2.4）。

1.3 固定语的特征

几乎所有论及固定语的学者，都会在这一问题上发表自己的看法，力图给固定语总结出一些特征来。这无可厚非。很有必要指出的是，特征不会凭空产生——它存在于比较之中，并借助比较才能突显出来。没有比较，没有与之相对的参照对象，特征也就无从谈起。而且，比较的对象不同，其自身表现出来的特征很可能不完全相同。

对于固定语具体特征的考察，同样需要遵循着这样一种思路。否则，得出的所谓"特征"会让人觉得丈二和尚——摸不着头脑。

较之于词，固定语表现出如下的不同特点：

其一，形式上，词以单、双音节为其存在的主要状态，三音节和超过三音节的词也有，比如"洗衣机"、"花骨朵"、"胖乎乎"、"老油条"、"山顶洞人"、"卡巴斯基"、"布尔什维克"等，但不占主要部分；而固定语（不包括专名语、专门语）则以三、四音节为其最主要的存在形式，双音节而又能称得上固定语的，除去一些缩略语，像"研一（研究生一年级）"、"高一（高中一年级）"、"三产（第三产业）"、"国二（国家二级企业）"等之外，所能见到并且能为社会普遍认同的恐怕不会很多（问题的进一步论说详见1.4.2.1）。

其二，语音上，词不论是单音的、双音的还是三音的，其整体上各自表现为一个独立的单位，中间不存在语音上的任何停顿；对于固定语而言，语音上可划分为 2+1（比如"泡-蘑菇"、"走-关系"等）、2+2（比如"暗箭-伤人"、"精神-文明"等）、2+3（比如"树倒-猢狲散"、"一言-以蔽之"等）等不同的格局。

其三，意义上，词的意义较为单纯，是整体性的，词的构成成分的意义对于所在词意义的理解仅只起到非常有限的作用①；而固定语的情况则与之明显不同，其构成成分的意义在帮助社会理解所在固定语的意义中起着相当重要的作用。——这不只因为，相当一部分固定语的意义就是组合的，凭着字面意义就能推导出所在单位的真实表达意义；就是对于已经形成有深层意义的固定语来说，由构成成分形成的字面意义由于是对深层意义的一种外在展现，在帮助理解深层意义的过程中所起的作用同样不能小觑。

关于这一点，可以从社会对固定语的理解机制中得到佐证。西方学者对固定语（idiom）的理解机制进行过不懈的研究。Cacciari 等人（1988；1991）提出结构假说来加以解释。他们把组成固定语的单词叫做节点（node），固定语在心理词典中以节点形式储存，理解固定语时，节点的意义首先被加工，同时，各个节点联合起来作为一个整体的惯用语比喻意义被激活。而 Gibbs 和 Nayak 等（1989；1990；1992）则另有主张。他们认为，固定语在心理词典中并非只有一个单一的语义表征，固定语的组成成分的字面意义对固定语理解有重要作用，固定语句法加工能力不同是由固定语成分意义对固定语比喻意义贡献的不同引起的。固定语成分意义对固定语比喻意义的作用越强，固定语则越能进行句法加工。

尽管 Cacciari 和 Gibbs 等人在对固定语理解机制上的具体观点不完全相同，但他们的研究却无意间表明了，就多数固定语而言，其构成成分在固定语意义的形成中起着相当重要的支撑作用。而这种现象，在绝大部分词的构成成分中是不会存在的。

---

① 构成词的成分是语素，而语素自身的意义原本就不是十分完整和清晰，社会多半模模糊糊地感到它们在词义中起着某种作用，但到底是什么样的明确作用，多半难以说清楚。

固定语的以上特点皆比之于词而来，不过，相较于自由词组，它表现出来的特征则是另外一番情形，主要有这么两点：

其一，内部构成成分的组合不是自由的，不是临时的——组合的成分经常地关联于一起，并被社会作为一个整体稳定地来使用。结构上呈现出一定程度的固定性，使用上具有复呈性，它们以建筑材料的身份参与社会的言语交际，比如"胡子工程"、"一五一十"、"不折不扣"、"九牛一毛"、"总而言之"、"吃里扒外"、"生老病死"、"生吞活剥"等。自由词组的情况相反于此，词与词之间出于表达的需要而临时组合，结构上是松散的，可以于其中间插入成分。它们不是语言的建筑材料，而是语言建筑材料再加工的结果。

其二，就所有的自由词组而言，它们的意义完全由组成它们的构成成分独自支撑——是各自成分意义最终现场加合的结果。但是，这种情况并不适用于全部的固定语——只有部分的固定语与此类似，比如"物质文明"、"精神文明"、"男扮女装"、"以少打多"、"超级大国"、"成功人士"、"成家立业"、"聊胜于无"等。除此而外的其他固定语，构成成分的意义并不会直接成为所在固定语意义的组成，而是或这样或那样地融入到了所在固定语的意义当中，或者成为固定语意义所赖以表达的依凭。这样的例子事实上不胜枚举："吃大锅饭"、"开顶风船"、"胸有成竹"、"戴乌纱帽"、"红头文件"、"走钢丝"、"不管三七二十一"、"黄金时间"、"刻舟求剑"等。

从根本上看，结构固定性是固定语的区别性特征，它借此与自由词组区分开来；意义上的不同顶多是差异性的，而非实质性的。

1.4　固定语的范围

要想彻底地弄清楚固定语的范围，制定出缜密的研究思路是必不可少的一步，至少理论的设计上应该将该包括进来的都包括进来，该剔除在外的完全剔除在外。否则，固定语的面貌恐怕难以改变先前模模糊糊、朦朦胧胧的存在状态。

研究不妨这样来进行：首先，使自由词组与固定组合①对立，通过分析将属于自由词组的部分统统排除在固定组合范围之外；其次，对所有的固定组合再作拉网式检查，就其中存在着的各类情况进行专门的探讨，并最终确定出固定语的范围。

1.4.1 自由词组与固定组合

自由词组即意味着组合结构上可以随意拆开，当中的成分可以随意替换——它们是人们交际时出于表达需要临时组合而成的，成分的组合只受语法规律的制约，而所说的固定组合，情形则与之完全相反。

这么看起来，它们之间泾渭分明，不会有什么纠缠不清的地方存在——没有谁会否认像"一年"、"老陈"、"我的书"、"祖国的希望"、"空洞的说法"等是自由词组，也没有谁会否认像"再见"、"小说"、"眼中钉"、"洗衣机"、"里空外卖"、"吃大锅饭"、"老鼠过街——人人喊打"等是固定组合。

可是应该看到，语言事实的纷繁复杂让我们在面对自由词组与固定组合分析的时候，不能过于理想化、简单化——根本不能指望在它们之间划上一道明确的界限，一刀切开的两边，一边是自由词组，另一边是固定组合。而且，有些"标准"说起来十分简单，但实际操作中却会遭遇到不小的困难。比如，词组结构上是否固定，是否可以随意拆开，这当中的标准如何把握？又比如，什么情况算是结构固定？一个成分不能替换的词组，如"九牛一毛"、"一马平川"等，其结构毫无疑问是固定的，那么，只能替换其中一个成分的或者其中的某一个成分只能被替换一次的是不是也可以算结构固定？再比如，"揠苗助长"来自古代寓言，其中的"揠"能为"拔"所代替，这是否表明"揠苗助长"的结构固定性受到怀疑？或者，根本不受这一次成分替换的影响而仍然坚持认为其结构具有固定性？假使允许这种情况在结构

---

① 这儿的"固定组合"所指不限于固定语，它包括所有具有固定性质的语言单位（像词等）以及语言单位的组合。

固定性中存在的话，那么，同一成分可以被两个或两个以上成分替换的情况又该作如何处理呢？另外，词组组合结构的固定程度也存在相当大的差异。有些词组相沿袭用而来，表现出很强的固定性，中间不能插入任何其他成分，像"破釜沉舟"、"草木皆兵"、"负荆请罪"、"汗牛充栋"等；有些晚近出现的词组，它们结构上的固定性显然要比前者差些，比如，"走后门"的结构可以扩展成"走了后门"、"走了三次后门"、"走市长的后门"、"走了张老师的后门"等，"马路餐桌"就可以扩展成"马路的餐桌"、"马路上的餐桌"、"马路边的餐桌"等。结构凝固的词组与结构不怎么凝固的词组是否可以作同样处理，都当作汉语词汇中的固定组合？

实际上，自由词组与固定组合之间并不存在着不可逾越的鸿沟。刘叔新（1984）在研究的具体实践中看到了当中存在的问题，他一方面承认固定语"不仅有固定的结构，而且所含的每个成分都确定而不可更易，表达的都是一般的概念"，另一方面还特别地指出，这些类型的固定语还只是其中的"相当大一部分"，并非当中的全部。刘氏认为，在固定语范围内，组合的固定性程度又分出很强的和不很强的两种情形。所有的成语、惯用语、歇后语及一般的专名语和专门用语，都是固定性程度很强的，表现在不仅结构固定，而且其中任何组成成分都不容变换。固定性程度不很强的情形，表现在可以自由更换部分组成成分，更换后往往就成了词的自由组合体，但是：第一，只要不发生这种更换，整个结构是固定的，既不能改变诸成分的原有顺序，当中一般也不容许插入别的成分——如果插入成分，就破坏原来的意思；第二，总有一部分组成成分不可变换，或者它可插上的同性质的成分是极少的。"类似这种情况而表示一般概念的用语单位，显然有一定的固定性，但是它不如成语、惯用语、歇后语等的固定性那样强。因此，它们基本上有资格进入固定语范围，应把它们看作固定语中的一类。可以把这类单位称为准固定语。"（109页～110页）作者文中举了"一行"、"大怒"和"来历不明"等来进行具体阐释，认为"一行"中的"行"可以换为"伙"、"群"、"班"、"队"、"列"等，但前头的"一"

却不能换为其他任何数目词，也不能换为别的什么词而仍保持"行"的固有意义。"一行"本身在结构上是固定的，其间不能插入成分，词序也不能颠倒。对于"大怒"、"来历不明"等，作者指出，"怒"可换为"喊"、"叫"、"笑"、"哭"、"恸"、"讲"等，"来历"可换为"情况"、"是非"、"道理"、"论点"、"方向"、"地点"等；但是能替换"大"的形容词却只有"狂"或"盛"，能替换"不明"的"副词-形容词"组合体恐怕只有"已明"（实际上很少有"来历已明"的说法），要单独用另一个形容词替换"明"则只勉强地有个"清楚"。

刘氏很敏锐地捕捉到了类与类划分中存在着的过渡状态，并正视这一语言事实，提出了"准固定语"，试图改变以前类别划分中"非此即彼"的二元观念。这无疑是研究上的一个进步。不过，应该看到，这儿所提的"准固定语"也还仍然是一种框架性的，同样需要面对如何将它与"固定语"和"自由词组"区分开来的老大难问题。

当代认知科学领域的重要课题之一是有关语言范畴化的研究，指出"从差异性中把握相似形"（Tayor 1989：ⅷ）是人类认知机制的重要机能，而所谓原型即"某范畴概念核心的图式表征"（59 页）。这种理论概括起来有以下几点：

（1）实体的范畴化即"归类"建立在好的、清楚的样本的基础之上，然后将其他实体根据它们与这些好的、清楚的样本在某些属性上的相似性而归入该范畴即"类"。这些好的、清楚的样本就是典型（prototype），即原型，它们是非典型实体范畴化的参照点。

（2）同一范畴内的成员在说话人的心目中地位并不相等，有较好的样本与较差的样本之分，成员资格有层级之分，Tayor 用梯度假设（the gradience hypothesis）对此进行了说明。较好的样本是这一范畴的典型成员，在这一范畴中占中心的位置；较差的样本是这一范畴的非典型成员，在这一范畴中视其和典型成员的相似程度而与中心保持不同的距离。

（3）如果某一范畴的非典型成员又和其他范畴的典型成员具有一定的相似性，那么这种事物就处于两个类的边界。例如，西红柿有时可以称水果，有时又可以称蔬菜：它既不是水果这一范畴的典型成员，也不是蔬菜这一范畴的典型成员。

原型理论很适用于自由词组与固定组合的分析，也即，它们当中同样都有典型的和不典型的分别。假如以固定组合为分析样本，那么，其中的典型成员应该是固定组合各特征中表现得最没有任何争议的部分；如果词组在固定组合有关特征上表现得不够充分，那么，它们就是其中的非典型成员——特征上离典型成员越来越远，它们等于就越来越接近于自由词组，直至最后成为了自由词组。

凭什么来断定"这些"是固定组合中的典型成员而"那些"则是其中的非典型成员？又根据什么来认定"这些"离典型成员很近而"那些"离典型成员很远？最主要的依据就是，看它们彼此之间在多少特征上相似以及多大程度上相似。

就固定语而言，影响其最终形成的因素无外乎它的结构和意义。显然，"结构"和"意义"是借以考察彼此相似程度的重要方面。词组在"结构"、"意义"上的具体表现势必会影响到其自身最终在固定语（或自由词组）中的位置。

词组在"结构"、"意义"上呈现出来的状态究竟如何，这不能凭空臆想，必须借助它们所表现出来的种种特性并在经过分析后才能作出合理判断。而能表现它们"结构"、"意义"的，大概不会超出以下四个方面的内容：

A，从能否插入其他成分来看，词组可以粗线条地分出以下几类：

A_1 类，当中不允许插入任何别的成分，比如"惊弓之鸟"、"指鹿为马"、"滥竽充数"、"举棋不定"、"琴瑟不和"、"入木三分"、"刻舟求剑"、"问道于盲"、"一国两制"、"拳头产品"、"人机对话"、"窗口行业"等。

A_2 类，构成成分当中允许插入其他成分，只是插入的成分比较少，仅限于如"的"、"和"等极少数的几个词，而且多半是虚词，比如"俊男靓女"、"精神文明"、"表面文章"、"物质文明"、"虾兵蟹将"、"多快好省"、"半斤八两"等。"俊男靓女"中间可以加入连词"和"，在

"精神"和"文明"之间、在"表面"与"文章"之间一般只能添加"的"。

A₃类，能插入较多的成分，并且插入成分的性质有多种，比如"正中下怀"、"略胜一筹"、"重蹈覆辙"、"走后门"、"碰钉子"、"开绿灯"、"敲边鼓"、"好学生"、"可恶的人"。"正中下怀"可以扩展成"正中他的下怀"、"正中李格的下怀"等；"略胜一筹"可以扩展成"略胜对方一筹"、"略胜你一筹"等；"重蹈覆辙"可以扩展成"重蹈你朋友的覆辙"；"走后门"可以扩展成"走了好多次后门"、"走你的后门"等；像"好学生"、"可恶的人"这样的词组，当中所能插入的各类成分就更多，理论上说，只要需要可以作无限的添加：好的女学生/好的一年级学生/好的外国学生/好的中国留学生……，可恶的坏人/可恶的外国人/可恶的小人/可恶的吐痰的人/可恶的抽烟的人……[①]。

B，从词组中成分是否可以被替换[②]的角度来看，它们大体能区分成以下三种不同情形。

B₁类，词组中的任何成分都不能被替换，比如："老少边穷"、"魑魅魍魉"、"牛鬼蛇神"、"短兵相接"、"举棋不定"、"高瞻远瞩"、"沧海桑田"、"一五一十"、"入木三分"、"三人成众"、"人言为信"等。

B₂类，词组中的某一部分可以被替换，而其他部分则一般保持不变，比如"敲边鼓"，其中的"敲"可以替换，用来替换的成分有"击"、"打"、"擂"等；当中的"边鼓"则找不出什么合适的成分来替换。与此类似，"走后门"中的"走"能替换成"开"，"拖后腿"中的"拖"有"拉"和"扯"来替换，"兜圈子"中的"兜"可以换成"转"、"绕"等。

B₃类，词组中的成分都可以进行替换，比如"科学技术"、"工作

---

① 插入的成分有多有少，由此表现出来的固定程度并不完全一样，我们这儿并未一一地予以区分。

② 词组中成分是否可以替换，这主要是从能否保持其固有的定型整体以及它们意义表达的习惯性来说的。刘叔新先生在这一问题上有自己的认识："变换如果不能保持组合体原来的表意方式和意义组合形式，不能使其他不变换的部分保持原有的意义作用，从而破坏了人们的语言习惯（如'邯郸学步'——'邯郸学行走'，'解剖麻雀'——'解剖雀儿'），或者变换而成的新组合不符合大家的习惯（如'诸如此类'——'诸如这类'，'艰苦奋斗'——'艰苦斗争'），那么这样的变换就不容许。"（《词汇学和词典学问题研究》，109页）

压力"、"胜利果实"、"大学一年级"等。"科学技术"中的"科学"可以替换成"生活"、"外国"、"小"等，"技术"则可以替换成"艺术"、"知识"、"理念"、"方法"等。成分只要合适就都能用来替换。

C，从体现出来的意义来看，词组有以下两种主要的情形。

C_1 类，词组的字面意义不是所要表达的真实意义，借助字面意义推演比喻而来的意义才是需要表达的实际意义——意义上呈现出整体性的特点（刘叔新 1984；1990）。比如"山穷水尽"、"木人石心"、"大风大浪"、"明枪暗箭"、"井底之蛙"、"指鹿为马"、"滥竽充数"、"暗箭伤人"、"猫鼠同眠"、"面有菜色"、"乱点鸳鸯"、"人中骐骥"、"拿手好戏"、"民怨沸腾"、"流芳后世"、"呜呼哀哉"、"目不识丁"、"山清水秀"等。

C_2 类，词组的字面意义就是所要表达的真实意义，比如"无稽之谈"、"诸如此类"、"风和日丽"、"打抱不平"、"假冒伪劣"、"德才兼备"、"多快好省"、"风度翩翩"、"赶时髦"、"四个现代化"、"思考和练习"、"预习复习"等。

D，从词组内部各构成成分并列出现、一起使用的状况来看，不外乎包括这么两类。

D_1 类，词组内部各构成成分经常并列出现一起使用，比如，"兔死狐悲"、"鸟尽弓藏"、"风花雪月"、"比翼齐飞"、"煎炒烹炸"、"南甜北咸"、"东辣西酸"、"改革开放"、"社会效益"、"文学艺术"等。对于像"兔死狐悲""鸟尽弓藏""风花雪月""比翼齐飞"等，其中各构成成分之间不只经常并列出现一起使用，而且它们之间实际上已经互相依赖并共同依存，离开了哪个成分或改变了当中的哪个成分，词组就将变得难以为社会接受或难以为社会理解。至于像"改革开放"、"社会效益"、"文学艺术"等，其间的各成分也总是或者说经常相互关联地组合在一起来使用，从而使得彼此之间有趋于固定的某种倾向，有些甚而至于产生了它们的缩略形式，如"文学艺术"缩略成"文艺"等。

D_2 类，词组内部各构成成分并不是经常并列地出现在一起，具有某种临时组合的性质，比如"汉语语法"、"中国农民"、"英国奶牛"、"文件汇编"、"成语词典"、"身段优美"、"销售代表"、"吃饭购物"、"旅游休闲"、"人文关怀"等。

以上分四个方面对词组分别进行了考察分析，而现实存在的词组往往是它们的综合体。只有在综合以上诸方面的情况下，词组之间的差异性表现才会看得更为清楚。

词组的综合表现可以通过表述式来表示。用来表述词组的类别符号组成词组的表述式。比如，某词组如果意义上呈现出整体性特点，那么它属于 C_1 类，其类别号就可以表述为 C_1，余者类推。

从理论上看，上述诸方面相互交错而能形成数量惊人的不同类别，不过，能于现实中找着相应的词组作为支持的类别，远比理论数值小得多，所能见到的仅仅是以下这些。

（1）词组的表述式是：$A_1+B_1+C_1+D_1$，比如"刻舟求剑"、"画蛇添足"、"杯弓蛇影"、"南金东箭"、"图穷匕见"、"按图索骥"、"掩耳盗铃"、"剖腹藏珠"、"沆瀣一气"、"蚍蜉撼树"、"口蜜腹剑"、"水深火热"、"酸甜苦辣"、"牛鬼蛇神"、"桌椅板凳"、"油盐酱醋"等。

（2）词组的表述式是：$A_1+B_1+C_2+D_1$，比如"诸如此类"、"逃之夭夭"、"一身二任"、"丰功伟绩"、"不破不立"、"既往不咎"、"扬眉吐气"、"举目无亲"、"高瞻远瞩"、"忙里偷闲"、"远走高飞"、"三大民主"、"四个现代化"等。

（3）词组的表述式是：$A_1+B_2+C_1+D_1$，比如"倒插门"、"倒栽葱"、"顶梁柱"、"对着干"等。①

（4）词组的表述式是：$A_1+B_2+C_2+D_1$，比如"二话不说"，"不说"可以替换成"没有"、"不谈"、"不讲"等，但"二话"却是稳固的。类似的还有"一行"、"受用不尽"等。

（5）词组的表述式是：$A_1+B_3+C_1+D_1$，比如"窗口行业"、"拳头产品"、"露水夫妻"、"个人问题"、"马路新闻"等。

---

① 改变当中某一成分而生成了另外一个词组的情况并不算，比如"走马观花——走马看花"、"飞蛾投火——飞蛾扑火"、"揠苗助长——拔苗助长"等。

（6）词组的表述式是：$A_1+B_3+C_2+D_1$，比如"大怒"、"来历不明"、"风味小吃"、"平头百姓"、"头面人物"、"礼仪小姐"、"因特网络"、"向前看"等。

（7）词组的表述式是：$A_2+B_1+C_1+D_1$，比如"表面文章"、"虾兵蟹将"、"牛鬼蛇神"、"沧海桑田"等。

（8）词组的表述式是：$A_2+B_1+C_2+D_1$，比如"产供销"、"传帮带"、"公检法"、"老少边穷"、"文史哲"、"数理化"、"春夏秋冬"等。

（9）词组的表述式是：$A_2+B_2+C_1+D_1$，比如"杀回马枪"、"走下坡路"等。

（10）词组的表述式是：$A_2+B_2+C_2+D_1$，比如"留一手"、"露一手"、"乱阵脚"、"顶头上司"等。

（11）词组的表述式是：$A_2+B_3+C_1+D_1$，比如"红头文件"、"挡风墙"、"胡子工程"、"空头支票"、"地方粮票"、"官样文章"、"狐狸尾巴"、"老虎屁股"、"十字路口"、"两脚书橱"、"空心汤圆"、"近亲繁殖"、"玻璃饭碗"、"黄牌警告"等。

（12）词组的表述式是：$A_2+B_3+C_2+D_1$，比如"精神文明"、"物质文明"、"劳动模范"、"小道消息"、"长官意志"、"乡镇企业"、"活命哲学"、"双重领导"、"待业青年"、"特异功能"、"智力投资"、"床上用品"、"反面教材"、"黄金时间"、"浮动工资"、"海外关系"、"精神贵族"、"大型车道"、"丁克家庭"、"安全系数"、"精神贿赂"、"老年公寓"、"支柱产业"、"机构改革"、"连锁反应"、"音乐治疗"、"垃圾债券"、"高速公路"、"大众门诊"、"关税壁垒"、"超级市场"、"网上情人"、"跨世纪人才"、"售后服务"、"马路餐桌"、"健康投资"等。

（13）词组的表述式是：$A_3+B_1+C_1+D_1$，比如"正中下怀"、"重蹈覆辙"、"略胜一筹"等。

（14）词组的表述式是：$A_3+B_2+C_1+D_1$，比如"钻牛角尖儿"、"爬格子"、"倒胃口（比喻义）"、"打预防针"、"打先锋"、"打掩护"、"打哑谜"、"打游击"、"打硬仗"等。

（15）词组的表述式是：$A_3+B_2+C_2+D_1$，比如"倒胃口"、"打夜作"、

"打马虎眼"、"打交道"、"打光棍儿"、"打官腔"等。

（16）词组的表述式是：$A_3+B_3+C_1+D_1$，比如"敲竹杠"、"穿小鞋"、"敲边鼓"、"走后门"、"剃光头"、"拖后腿"、"开绿灯"、"炒鱿鱼"、"炒冷饭"、"交学费"等。

（17）词组的表述式是：$A_3+B_3+C_2+D_1$，比如"说风凉话"、"捞外快"、"翻旧账"、"打下手"等。

（18）词组的表述式是：$A_3+B_3+C_2+D_1$，比如"复习预习"、"学习汉语"、"胜利果实"、"提高劳动效率"等。[①]

固定组合判定涉及的这些因素中，意义方面的影响要小于其他三者（有关论述见 1.2.3）。若设 A、B、D 各类的满分值为 5 分的话，那么 C 类的满分值不妨设为 2 分。这样，上述各类的具体分值可分别作如下的不同设定：

项目	分值	项目	分值	项目	分值	项目	分值
A_1，不能插入	5	B_1，不能替换	5	C_1，整体义	2	D_1，经常关联	5
A_2，少量插入	2	B_2，部分可换	2	C_2，组合义	0	D_2，不经常关联	0
A_3，大量插入	0	B_3，都可替换	0				

根据上述分值的具体设定，各类词组的综合分值见下表：

顺序	分值	顺序	分值	顺序	分值	顺序	分值
1 类	17	6 类	10	11 类	9	16 类	7
2 类	15	7 类	14	12 类	7	17 类	5
3 类	14	8 类	12	13 类	12	18 类	0
4 类	12	9 类	11	14 类	9		
5 类	12	10 类	9	15 类	7		

---

① A、B、C 和 D 不同类型之间的各种可能排列搭配理论上不少，这儿所举各类都是以在现实语言现象中能找到对应的例子为根据，对于没有发现或一时没有找到用例的可能组合，我们都没有列举出来。这就是说，除了这 18 类之外，不排除还有其他类型的可能性。不过，这并不影响我们对有关问题的讨论。

各词组分值呈以下分布状态：

17—15—14—12—11—10—9—7—5—0

分析表明，分值为 0 的第 18 类没有任何固定的因素，同固定组合风马牛不相及。除此之外的其他各类之间其实是一个连续统，都多少存在着某些固定的因子，也就同固定组合沾染上某种关联。其中分值为 17 分的第一类，在同固定组合关联的方面和关联的程度上都是其他类所无法企及的，它们是典型的样本，是原型。如果这一点得到确认的话，紧随其后的各类则都有别于它而都无法当作原型对待，只能是原型之后的现象。设原型的词组是典型的固定组合，那么其后的各类则都应该看作非典型的。——有些类别因为更接近于"原型"而将它们当成固定组合看待的话会更容易被接受，如上述的第 2 类、第 3 类等；另有些，因为过于远离"原型"而使它们看起来更接近于自由组合，像上述的第 17 类等——若将它们看作固定组合的话，争议自然在所难免。

从宽泛的角度看，除开分值为零的第 18 类，其他各类，由于多少都含有固定的某些因素而不是完全不能将它们纳入固定组合的范围中来。

1.4.2　固定组合与固定语

固定组合所指十分宽泛、笼统，既可以是词，也可以是固定性的词组甚或是句子。在排除了不属于固定组合的部分之后，接下来就需要弄清楚，固定组合中的哪些部分可以被看作固定语（固定词组）。

固定组合中最可能与固定语（固定词组）发生纠缠的，无非是"大"、"小"两头。——"大"头与固定句相连，"小"头与词相邻，都有一个如何甄别彼此的问题存在。

1.4.2.1　词与固定语

词与固定语之间，理论上说，界限应该是再清楚不过的了。因为，固定语以词为形成基础，并且须是词的组合，它与词根本不在同一个层面上。就各自成员中的绝大多数而言，它们之间的界限也的确十分清楚，比如：

词	固定语
走、看、去、人、我、你、马、给 群众、高兴、咖啡、头发、学习 洗衣机、小孩儿、现代化、布拉格 ……	一钱不值、十全十美、八面玲珑 走后门、泡蘑菇、开绿灯 小葱拌豆腐——一青（清）二白 飞机上挂暖瓶——水平高 ……

然而，词与固定语之间并非总是这样泾渭分明，还存在一些让人拿捏不准的地方。这些领域，从音节上来说，除了有较大争论的三音节组合外，甚至还包括了双音节的和四音节的一些组合。

1，双音节：词与固定语

现代汉语词汇以双音节为主。对于遇见的任一双音节的固定组合，社会的第一反应通常便得出"它应该是词"的结论，而不是"它会不会是词"的疑问。要想从双音节固定组合中找出不是词的单位并且能让社会完全信服，这实在不是一件容易的事情。

尽管这样，类似的问题还是不时地被人提及。据观察，被疑为固定语的双音节组合主要涉及如下的三个领域：一类，与所谓的离合"词"相关；另一类则与表达双层意义的双音节组合有牵连；还有一类，与缩略语有关（详见 1.4.2.6）。

一些双音节固定组合之所以会存在是"词"还是"语"的争论，其中的重要原因在于，构成它们成分的活性度存在着差异，而这种差异往往让人们觉得，应该由着它们的差异而将它们看作不同的类别。

所谓的活性度，说到底就是作为语言建筑材料单位的自由使用情况。其内容应该包括以下三方面：其一，该成分可否独立运用——借此主要确定它们是否为语言建筑材料单位；其二，能独立运用的话，独立运用的单位是否与作为构成成分的单位具有同一性；其三，它们在社会理解过程中所起作用的大小。①如果构成成分具备了可独立使用、具有同一性以及所起作用较大这三项条件，那么就表明该成分具有高活性度；反之，则说明活性度低或者没有活性度。拿"看书"来说，"看"可以单独使用，如"看电影"、"看一看"等，"书"亦然，比如"小人书"、"书很多"等；而且，可以单独使用的"看"和"书"恰恰就都是"看书"当中的"看"和"书"，彼此具有同一性；再说，它们各自在"看书"意义的理解过程中都起着十分明显的作用——失去其中任一成分的话，意义的完整理解都将被打破。因此，对于"看"和"书"这样的情况，就可以认定活性度很高。再比如"放心"，其中的"放"活性度很高，而"心"初看起来活性度也一样，因为它也可以很自由地单独使用，不过，单独使用的"心"与构成成分中的"心"不具有同一性，所以，只能认定它的活性度比较低。

一般说来，活性度越高，构成成分成为语言建筑材料单位的倾向就越明显，所在单位成为由建筑材料单位即"词"组成的可能性就越突出，或者说就是以"词"为基础的一种组合；反之，则说明成为"词"的可能性就越大，或者说它们就是"词"。

下面将按照上述的思路对双音节固定组合形式中遇到的"词"与"语"的困惑尝试着进行破解。

先看离合"词"问题。

离合"词"凭着"能离能合"这一共同特征而使彼此聚集成为一类。对于离合词性质的认识，学者们各有观点。彭楚南（1954）等认为是词；王力（1954）认为是短语；朱德熙（1982）认同陆志韦等人"离为短语合为词"的观点；吕叔湘（1984）指出："词汇上可以认为

---

① Packard 根据词与其成分间关系的紧密度提出了区分词汇化范畴的两个标准：词成分是否仍保持其完全的原始意义，或反映其比喻、隐喻义，或完全丧失了其原始意义；词成分内的语法信息在总体上是否仍保持对于语法的可用性。作者据此区分出词汇化范畴的五种类型：常规词汇化、隐喻词汇化、弱语义词汇化、弱语法词汇化以及完全词汇化。可参看 J.L.Packard 2000, The Morphology of Chinese: A Linguistic and Cognitive Approach. Cambridge University Press。

是一个词，而语法上宁可认为是一个短语。"观点的不同从一个侧面反映出了这一类单位的复杂性。

它们的性质到底该作如何判断可暂且撇开不论，不妨首先对离合"词"中的各类情形作一全面、详细的摸排梳理。可以断定的是，离合"词"虽然在"离合"这一特征上彼此相同，但这并不意味着于其他方面也毫无二致。通过寻找"同"中可能存在着的"异"，并透过存在着的"异"去挖掘它们性质上的差异。——这种分别不同情况作不同处理的方式恐怕更为合乎语言的实际，得出的结论也更容易为大家所接受。

被认作离合"词"的这些单位，至少可以区分出如下不同的类别：

A 类

A$_1$

毕业　经商　注意　劳驾

A$_2$

鞠躬

B 类

B$_1$

游泳　散布　着急

B$_2$

离婚　结婚　道歉　洗澡　见面　理发　睡觉　吵架　放心
鼓掌　上当　吃亏　照相　告状　考试

C 类

C$_1$

认账　干杯　开刀　发烧　点头　打仗　帮忙　问好　上课

C$_2$

看病　唱歌　跳舞　说话　起床　吃饭　握手　放假　请假
看书　喝酒　写字　说话　补课

A 类中的全部成员，其组成的各个成分，共时地看，除了可以相互牵制地"分开"使用之外，多半不能单独运用于其他的任何场合——显然，它们都不符合作为语言建筑材料单位的资格，都不是语言的建筑材料单位。换言之，它们没有活性度。因此，以它们为基础构成的单位自然就不可能是"词"的组合，更不可能与固定语发生关联上的任何纠结。A_2 类中的"鞠躬"与 A_1 类的单位稍有不同。除了可以"离"着用之外，还可以变换顺序地离开使用，像"这次，你躬鞠了几个"、"躬怎么还没有鞠呢"等句子，语感上都是可接受的。不过这并不影响到对它们"词"的性质的判断——这种分别的存在顶多表明，A_1 与 A_2 在"词"的离合程度上存在着某些差异而已。

　　B 类中，带·的构成成分可以以它们在所在单位中担当的这一身份独立地使用于别的场合，比如，"离婚"中的"离"，其意义是"分开"，而这种意义上的"离"完全可以自由地运用于像"离了他，地球照样转"、"离他远点"等。这就是说，它们都具有高活性度。而与之相组合但没有带·的成分，则表示它们现在都不能单独使用，不能视作语言的构筑材料单位，活性度是零。对于这样单位的组合，因为兼具"语"和"词"的某些因子，将它们看成"词"或者看成"语"似乎都找不出足够的反驳理由。这种情况下，可将双音节这一形式因素考虑进来，把它们优先地当作"词"来看待。

　　需要指出的是，B 类的两类中，第二类结构上的"离"的程度还要比第一类高些，因为，前者不仅能"离"着用，而且还可以改变着"离"的顺序，后者只能止于"离"。

　　C 类的情况与上述两类又有所不同，组成的所有成分都可以独立使用，都应该看作以"词"的身份参与其间的。吕叔湘（1979）曾针对多语素单位何者算词何者不算词的问题谈到："从词汇的角度看，双语素的组合多半可以算一个词，即使两个成分都可以单说，如'电灯''黄豆'。"不过，就活性度来讲，C_1 类各单位意义上较为单纯，比较而言，C_2 类单位的意义并没有怎么变化，更未见有意义的整体性表现——构成成分在社会理解中扮演着的作用能为社会所清晰地感觉到。显然，构成成分的活性度，C_2 类要比 C_1 类来得强一些。因此，要作区分处理的话，C_2 类无疑是最有资格归到词组中的部分——是一种有着十分微弱固定性的固定词组。

通常被看作离合"词"的这部分语言单位，在我们看来，C_2类适宜归入固定语，除此之外的其余部分性质上仍然都还可以看作离合词，只不过，彼此之间存在着典型程度的差别：A_1类是离合词中最典型的成员，而后，离合词的典型性随着 A_2、B_1、B_2、C_1 的方向而越来越差，C_1 各成员其实已经到了离合词范围所能涵盖的最边缘。

以上是离合词（双音节）中的"词"与"语"的分别，接下来涉及的也与双音节组合形式相关，所不同的，这些双音节组合形式都表达着比喻性的意义。比如，陈光磊（2004）主编《汉语惯用语辞典·前言》指出："在认定惯用语时我们不以音节多寡为取舍标准，对于某些具有语义变异特征的双音节语，我们也择其典型者收入本书。"比如[1]：

避风	吃瘪	吃醋	吃累	充电	出山	出血	触电	吃嘴
吹灯	吹风	吹牛	吹台	搭桥	搭线	倒灶	点火	掉包
翻船	放水	搞定	过门	还阳	还愿	回炉	换血	降温
解囊	解围	进贡	进账	开刀	靠边	漏风	露丑	买账
卖春	卖笑	拿糖	拍板	跑肚	跑题	跑腿	泡汤	碰壁
铺路	骑墙	枪毙	请缨	让路	认账	赏脸	说破	说嘴
松绑	松口	缩水	摊牌	摊派	讨年	跳槽	贴金	铁心
通天	透风	吸风	销魂	销账	咬舌	圆场	圆梦	砸锅
炸窝	撞车	坐蜡	饭桶	贴心	烫手	眼尖	合拍	干货
识货	识趣	苦水	铁军	铁案	铁腕	黄汤	黑马	黑手
黑市	黑枪	黑货	黑店	黑钱	黑锅	黑道		

据一般的印象，成语、惯用语大都具有无法从字面直接获取的比喻意义，像常用的"穿小鞋"、"走后门"、"一五一十"、"胸有成竹"等莫不如此，而这似乎带给人们这样一种信息，就是，大凡具有比喻意义的都应该是固定语中的部分——不是成语就是惯用语——因为它们语感上与"成语"相距太远，所以多半都被放进惯用语当中来。

---

① 当然，像《汉语惯用语词典》（施宝义、姜林森、潘玉江主编，外语教学与研究出版社，1985）、《新惯用语词典》（王德春主编，上海辞书出版社，1996）等也都有不同程度的收录。

据我们看，这种想法其实有不小的问题。姑且不论成语、惯用语都具有比喻意义是否符合语言事实——明眼人一看便知——更重要的问题在于：意义上的有无比喻性能否成为区分"词"与"语"的一条标准、一条界限？显然不能。要知道，"语"之区分于"词"之处只在于，前者是后者的固定性组合而已。

不妨就以《汉语惯用语辞典》中所列出的这些条目作为分析对象，对它们的性质抽丝剥茧，看看它们与"语"之间能不能画上等号。

上述的这些单位可具体区分成如下不同情形：

A类

识趣　黑市

B类

吃瘪	吃累	吃嘴	还阳	还愿	回炉	降温	解囊	进贡
卖春	跑肚	枪毙	请缨	松口	咬舌	圆场	识货	铁军
铁案	铁腕	黑马	黑手	黑枪	黑货	黑店	黑钱	黑道
通天								

C类

避风	吃醋	充电	搭桥	点火	掉包	翻船	吹灯	解围
靠边	拍板	跑腿	松绑	撞车	烫手	合拍	苦水	黑锅

A类只有两个，就是"识趣"和"黑市"，构成它们的两个成分都不存在任何的活性度，无疑是最有资格当作词来看待的。

B类中的成员，构成成分中带·的部分表明它们自身缺乏活性度，而没有带·的部分情况则反之。它们有理由也有资格当成是词。

C类各单位构成成分的活性度都很高，这就表明，其性质上容易倾向于是词与词的组合，有被当成词组看待的基础。

上述简要分析表明，双音节组合形式因其构成成分在活性度上的表现存在差异而使得彼此互有不同。这种不同，如果加上双音节的标准，那么它就是词内部的差异；如果没有音节上的限制性条件，那么就是"词"和"语"的分别了。

2，三音节：词与固定语

如果说，"词"与"语"的争议发生在双音节固定组合身上还颇有些出人意料的话，那么，这种情形出现在三音节组合身上，恐怕就是再正常不过的了。

这方面的争论集中体现在两个方面。其一，三音节组合是词还是固定语？其二，如果情况有交叉，那么哪些会是词哪些又会是固定语？

吕叔湘（1979）曾指出："从词汇的角度看……三个语素的组合也是多数以作为一个词较好。例如'人造丝'可以向'人造纤维'看齐，作为两个词，但是'人造革'只能作为一个词，与其把'人造丝'和'人造革'作不同处理（类似'鸡蛋'和'鸭蛋'问题），不如让'人造丝'和'人造纤维'有所不同。"很清楚，论者有将三音节组合首先处理成词的倾向。周荐（1998）也持有类似看法。不过，更多的学者似乎更愿意把它们特别是那些具有一定引申意义的部分当作固定语（习惯上被称为惯用语）看待——不只理论上探讨"惯用语"的文章大多以三音节形式为主要分析对象，就是实践上的收集整理工作同样也如此，越来越多的标明为"惯用语"的工具书还是喜欢将三音节组合形式作为收集的最主要部分。

现代汉语中的"词"以双音节形式为主，"语"则以四音节形式为主，而三音节组合形式刚好处于这两类语言单位主要音节组合形式的中间。学界对它的处理总是显得不如处理双音节、四音节形式那样底气十足，这就给争议留下了空间。加之，三音节组合内部情形较为复杂，更使得这种争议难以很快地平息下来。

对三音节固定组合性质上的归属可以先不急于下结论。现在需要做的，就是努力去摸清三音节固定形式中的各类情况。只有在详细占有材料的基础上，才可以对其性质拥有最终的发言权，也才能于分析比较之后得出同语言事实相一致的结论来。

三音节形式中，有些部分的性质十分清楚，学界不会有任何的分歧性意见存在。像"维他命"、"伊兰特"、"赛拉图"、"赛因斯"、"德律风"、"布拉吉"、"莫斯科"等都是音译词，像"轰隆隆"、"哗啦啦"、"叮叮咚"、"乒乒乓"等则是象声词。还有一些，似乎也未见有人将它们当作固定语看待（不论是理论上还是实践上），像"老妈子"、"现代化"、"老头子"、"啃老族"、"拇指族"、"香喷喷"、"甜丝丝"、"顶呱呱"、"响当当"、"姑奶奶"、"官太太"、"蝲蝲蛄"、"哈哈镜"、"毛毛虫"、"娃娃鱼"等。

据观察，时常被当成"语"看待的三音节组合[①]，我们可以将它们大致区别成以下不同的类别：

A 类

A_1

败家子儿	笔杆子	老皇历	老黄牛	炮筒子	老油条	老鼻子
狗腿子	老夫子	老狐狸	老江湖	老油子	命根子	钱串子
枪杆子	台柱子	小报告	小辫子	小动作	小儿科	小九九
小气候	小圈子	小算盘	小媳妇	小字辈儿	药罐子	半吊子
老搭档	二传手	夜猫子	直肠子	直筒子	白热化	吹鼓手
红人儿	花瓶儿	二流子	京油子	兵油子	病包儿	刺儿头

A_2

二百五、马拉松

该类中，A_1 小类各单位中都附有前缀如"老黄牛""小动作"等，或者后缀如"笔杆子""二传手"等，或者前、后缀如"老鼻子""小辫子"等。要知道，能为前、后缀所附着的必定是词根，附丽在词根之上而最终形成的这些单位无非是词而已——与所说的"固定语"相去十万八千里。A_2 小类中的"马拉松"完全是一个音译的外来词，"二百五"更是典型的数词而已。——不能因为它们具有了某种引申的含义而模糊甚至混淆"词"和"语"的界限。——"语"区别于"词"之处在于，前者是后者的组合体，而非意义上的引申与否。

B 类

| 不倒翁 | 开场白 | 比翼鸟 | 黄粱梦 | 东道主 | 忘年交 | 并蒂莲 |
| 紧箍咒 | 口头禅 | 留声机 | 阶下囚 | 万金油 | 一言堂 | 百宝箱 |

---

① 参照了《汉语惯用语辞典》（陈光磊主编）、《汉语惯用语词典》（施宝义、姜林森、潘玉江主编）、《新惯用语词典》（王德春主编）等。

传家宝	处理品	眼中钉	一窝蜂	两面光	肉中刺	独木桥
丑八怪	二五眼	滚刀肉	莫须有	独眼龙	假小子	旱鸭子
绿帽子	电老虎	钉子户	安乐窝	胆小鬼	糊涂账	假想敌
美人计	变色龙	避风港	持久战	草头王	出发点	大动脉
稻草人	根据地	大头针	花架子	冲击波	白眼儿狼	闭门羹
保护伞	回头客	冷处理	热处理	局外人	活地图	软刀子
软耳朵	软骨头	乌纱帽	金刚钻	冷板凳	出头鸟	枕边风
耳旁风	势利眼	顶梁柱	半边天	财神爷	场面人	持久战
丑小鸭	臭豆腐	出气筒	出头鸟	大手笔	导火线	导火索
地头蛇	垫脚石	定盘星	定心丸	豆腐渣	对台戏	恶作剧
儿皇帝	耳报神	耳边风	二把刀	发烧友	防空洞	风凉话
父母官	橄榄枝	狗屎堆	鬼把戏	鬼门关	裹脚布	后遗症
狐狸精	护身符	花点子	花架子	黄花女	活字典	火车头
火药味	机关枪	鸡毛信	及时雨	急就章	急先锋	寄生虫
夹生饭	假面具	贱骨头	金饭碗	金字塔	聚宝盆	军令状
瞌睡虫	可怜虫	空架子	苦行僧	宽心丸	癞皮狗	拦路虎
烂摊子	冷热病	里程碑	连裆裤	流水账	笼中鸟	螺丝钉
落水狗	落汤鸡	马蜂窝	马大哈	马后炮	马屁精	马前卒
毛毛雨	迷魂阵	免战牌	末班车	母老虎	木头人	嫩豆腐
娘子军	牛鼻子	牛脾气	排头兵	漂亮话	千里马	千里眼
前奏曲	墙头草	敲门砖	晴雨表	秋老虎	群言堂	热门货
孺子牛	撒手锏	神经病	生力军	生命线	石榴裙	试金石
试验田	手电筒	手榴弹	守财奴	受气包	双胞胎	水蛇腰
顺风耳	死胡同	死老虎	四不像	太上皇	替罪羊	铁饭碗
铁公鸡	铁将军	铁脚板	铁算盘	土包子	万花筒	万事通
窝囊废	无底洞	吸血鬼	下脚料	一盘棋	一条龙	印把子
笑面虎	新大陆	信号弹	烟幕弹	阎王账	阳关道	摇钱树
夜游神	一锅粥	硬骨头	应声虫	幼稚病	鱼水情	冤枉路
照妖镜	芝麻官	纸老虎	指挥棒	拿手戏	指南针	重头戏

重灾区　主力军　自留地　左右手　别动队

B 类的这些三音节组合与 A 类在结构上完全不同——它们当中没有任何能证明自己身份的明显标志。

就 B 类而言，其意义上具有共性，都有着非字面的引申意义。另外，它们构成成分中至少有一个可以独立运用，比如"比翼鸟"中的"鸟"、"黄粱梦"中的"梦"、"臭豆腐"中的"臭"与"豆腐"等，完全具有语言中"词"的资格。而表现出来的这些特征，与社会对固定语的一般印象较为吻合，从而让人不由得将它们与固定语在某种程度上联系了起来。社会借由这些特征尤其是其中的"词"而将它们看成以"词"为基础形成的词组，认定属于"语"的范围，不能说这完全就是捕风捉影（陈光磊）。① 不过，话又说回来，这些成分构成中的"词"果真能作为它们是固定语的判断标准或标准之一吗？其实，能成为"词"的单位用如构成成分时，它们在所在单位意义的整体理解中并不为社会强烈地感觉到，或者说，社会并没有将它们当作"词"那样的单位来加以理解——这种情形表明，它们的活性度还都不怎么高，社会是将它们纳入所在单位的整体来加以理解的。比如，对于"千里马"，社会能感知到它的整体意义，可是"千里"、"马"在意义当中的具体作用，如不作特别的强调，并不为大家所感知；再比如，就"流水账"而言，社会恐怕更是只了解它的整体意义，至于"流水"和"账"在其中的作用只能由它去了。很明显，在这一点上，它们与人们对词的理解过程十分相似，"词"的因素更重一些。

退一步说，如果把它们当作"语"看待的话，那么，汉语中大量与其结构十分近似而不具引申意义的三音节组合形式又当如何认识呢？比如，"蒸汽机"、"无线电"、"暴风雪"、"大拇指"、"经济舱"、"靠背椅"、"老板娘"、"大使馆"、"潜水艇"、"蛋白质"、"回锅肉"、"博物馆"、"候车室"、"担保人"、"申请书"、"植物人"、"葱油饼"、"地下室"、"防空洞"等，它们会是"语"吗？这恐怕连问者自己都不

---

① 尽管作者是立足于它们的非字面的抽象意义来作的取舍。

会相信，而且，事实上，到目前为止，还没有哪位学者公开宣明它们具有"固定语"的资格。

在我们看来，上述三音节的各类在处理上应该统一，宜一并归入词的行列中去。

C 类

C₁

泼冷水	爱面子	帮倒忙	触霉头	打官腔	打下手	打哑谜
打嘴仗	掉链子	发酒疯	费手脚	擦屁股	吃老本	吃豆腐
吃鸭蛋	搭架子	打算盘	打头阵	打折扣	打掩护	抱粗腿
背包袱	避风头	扯后腿	挂幌子	撂挑子	碰钉子	翘尾巴
白骨精	抱佛脚	背黑锅	打冷枪	掉书袋	刮地皮	侃大山
露马脚	拍马屁	敲边鼓	挖墙脚	翘辫子	抹脖子	爱面子
吃枪药	打官腔	摆架子	见世面	拉关系	打官司	滚雪球
上轨道	留后路	露头脚	露一手	抹稀泥	爬格子	攀高枝儿
成气候	吃瓦片儿	倒插门	吹牛皮	破天荒	包打听	费口舌
占便宜	耍滑头	拉下脸	抱不平	炒冷饭	开倒车	开夜车
卖关子	戴高帽	穿小鞋	唱高调	闯江湖	抬轿子	剃光头
杀红眼	吹喇叭	煞风景	捡便宜			

C₂

脏乱差	公检法	打砸抢	中小学	中青年	大中专	青少年
中高档						

C₁类情况不只有别于 A 类，而且，与上述的 B 类也不尽相同。表现为，所在单位中各构成成分的活性度都很高——能单独使用不说，而且，意义理解过程中能明显地感觉到它们的现实存在——在这一点上，它们与固定语的理解过程几乎没有什么区别（见 1.3）。因此，没有理由不将 C₁类各成员看作词与词的组合。除此之外，还应该看到，该类中几乎所有的单位，都可以在其中间添加一定数量的各色成分。拿"泼冷水"来说，可以是"泼（了）冷水"、"泼（了很多）冷水"、"泼（一整天的）冷水"等，而这种允许成分插入的事实更从另一个侧

面反证了它们很可能是由词构成的单位。——多数情况下，词的内部是不容许也是不能够添加成分的。[①]

C$_2$类是现代汉语中的缩略语形式，当中存在着较为明显的语音停顿，只能作为具有整体性的固定语来看待（见 1.4.2.6）。

由此可以看出，三音节组合形式中的 C 类才具有"语"的资格，才可以看作固定语。一刀切地将所有的三音节组合形式统统纳入"词"或纳入"语"的范围，都与语言事实存在着一定的出入，似失之于偏颇。[②]

3，四音节：词与固定语

通常认为，四音节是"词"在音节上所能达到的极限，它也因此被当成了"词"与"固定语"划分在音节形式上的分界点。上到四个音节而能成为词的，除了音译的外来词之外，实在不是很多，可以举出的例子比如"小家子气"、"山顶洞人"、"老油条子"、"老实巴交"、"土里土气"、"白不呲咧"、"黑不溜秋"、"叽里咕噜"、"叽里旮旯儿"、"车轱辘话"、"酸不溜丢"、"乌七八糟"等，而且凭其语音和意义方面的特点而很容易把它们区分开来。

四音节组合形式中，词与固定语最有可能纠缠不清的是重叠式。有关这部分的分析详见 1.4.2.4。

1.4.2.2 固定语与固定句

汉语中成句并且组成成分相对固定的是固定句，它包括通常人们提及的名言、警句、谚语等，像"满招损，谦受益"、"团结就是力量"、"人心不足蛇吞象"、"人为财死，鸟为食亡"、"磨刀不误砍柴工"、"不怕慢就怕站"等就都是其中的成员。

固定句与词组之间的分别，理论上的界限非常清楚，学界也未有争论：前者含有句调，表达的是一个完整判断；后者体现的是概念，

---

① 三音节的固定语还有其他格式的，并非动宾结构也是固定语的情形并不少见，比如：满堂彩、满堂红、皮包骨、三不管、开门红、拉郎配、利滚利、连根拔、连锅端、连轴转、两面光，等等。

② 在对三音节组合的处理上，温端政先生不作一刀切的思路与我们相同。请参看其在《汉语语汇学》（商务印书馆，2005 年）中的相关论述。

不存在句调。前者参与言语的直接交际；后者只是作为建筑材料单位被用来组织成交际单位。彼此之间的分别于实践上也不会存在太大的分歧。只是，对于其中的少部分来说，判断上会有些让人迟疑甚至不好定夺。比如"得道多助"，其表达应是判断性的（见例4、例5），但是使用上却常被纳入到交际的材料组织中去（见例1、例2、例3）。试看：

（1）没有放弃这次机会，他让碧奴在一群青蛙的带领下登上了长城，我们感受到历经艰险的碧奴终于由于"得道多助"而显得不再孤独。（《京华时报》，2006，09，11）

（2）他真正懂得"得道多助"的道理，运用禅的智慧化敌对为友爱，化干戈为玉帛，同时用修禅人所特有的真诚守信这一高尚人格在客户和同行中树立起自己良好的信誉形象，不断赢得越来越多朋友的信任。（《市场报》，2006，05，11）

（3）从1997年连环画开始在中国复苏之时……便会得道多助地收到每一本国内新出版的连环画，包装自然都是一年比一年精美。（《江南时报》，2005，10，17）

（4）得道多助，失道寡助。无论台湾当局怎样负隅挣扎，"断交"将是他们挥之不去的梦魇。（《环球时报》，2004，09，13）

（5）得道多助。正是这种责任感，为中水成功地实施"走出去"战略，持续、稳定发展赢得了良好的外部环境。（《人民日报》，2003，11，04）

这样的一些单位，性质上兼有固定句与固定语中的部分特质，但又不典型地属于其中的哪一类。逻辑上，将它们纳入其中的任一类都不能说完全不可以——可视研究的需要而灵活决定。

这方面的例子除了"得道多助"外，还可以举出一些："失道寡助"、"山雨欲来风满楼"、"长歌当哭"等。

1.4.2.3　固定格式与固定语

1.4.2.3.1　现代汉语中存在着数量不少的、由前后两个成分①较

---

① 这两个成分可以不同，也可以相同。

为固定地关联于一起而形成的格式，比如，"爱"和"不"前后搭配形成"爱……不……"，"半"前后并置生成"半……半……"，"随"前后相连构成"随……随……"，等等。①

刘叔新在论述词汇的结构组织关联时曾提到特定搭配组："如果某两个或更多几个词习惯上总是搭配着一起出现，但是并不构成一个固定的整体单位，也关联牵合起来，组织成另一类线性结构组织，就是特定搭配组。"并指出了其中所包括的两类，"一个词若与某个词或很有限的几个词搭配时，才出现它的某个意义，那么这些制约着一个词的某个意义的出现和存在的词，就同被制约的词构成一种特定搭配组"；"另一种特定搭配组，是由前后相配合而不直接接连的两个词或两个片段的若干词构成的"②。刘氏所指明的"另一种特定搭配组"与我们所论"固定格式"近似，不过，前者着眼于搭配中"有一定词汇意义的相互配合、制约的关系"，而后者则不受组合成分之间意义性质的限制——它既可以是词汇性的关联，也未尝不可以是语法性的关联。

说起来，固定格式与社会语感上的固定语相去甚远，彼此似乎风马牛不相及。问题在于，固定格式只是社会概括提炼出来的一种框架，通常不会就以这样的面貌展现于社会。——相反地，它们总是在嵌入数量不等的各色成分后以活脱脱的词组的形式呈现于人们面前。试看：

爱……不……：~管~管、~说~说、~来~来、~看~看、~去~去
半……半……：~文~白、~明~暗、~信~疑、~吞~吐、~推~就
半……不……：~明~暗、~新~旧、~生~熟、~死~活、~大~小
没……没……：~皮~脸、~着~落、~完~了、~深~浅、~大~小

---

① 需要指出，并不是形式上同于固定格式的都可以视作固定格式。固定格式总是同一定的意义结合在一起的，尽管表面上与固定格式完全相同，但表达的意义不同则仍然不能被看作同一种固定格式。比如，"半……半……"作为固定格式，它表示相对的两种性质或状态同时存在。虽然"半碗半碗地喝"表面上有"半……半……"的格式，但它只用来表示酒在碗中的多少，而且，后一"半碗"也只是对前一"半碗"的重叠而已。它同"半……半……"这一固定格式形同而实异，不可混淆。

② 刘叔新：《汉语描写词汇学》，商务印书馆，1990年版，第337页。

七……八……：～手～脚、～嘴～舌、～拼～凑、～零～落、～上～下

前……后……：～街～巷、～因～果、～思～想、～呼～拥、～仰～合

三……五……：～番～次、～令～申、～年～载、～皇～帝

千……万……：～山～水、～头～绪、～言～语、～丝～缕

以……谋……：～权～私、～权～房、～贷～私、～稿～私

望……兴……：～洋～叹、～门～叹、～球～叹、～书～叹

这样一来，内含固定格式的这些四音节词组，因为固定格式自身所具有的某种固定性而往往使得它们也染上某种程度的固定性质，从而与固定语一定程度地联系了起来。

问题是，靠固定格式形成的词组，能否因为所依凭产生格式的固定性而也可以认为具有固定性？换言之，它们会是汉语中的固定语吗？个中答案并非"是"或"否"就能予以回答得了的，情况还相当复杂。这可以从工具书对它们所作的不同处理上看出某种端倪。

《现代汉语词典》（第5版）采取了两种处理方式。一种，只是对固定格式本身进行解释。试看：

【千…万…】qiān…wàn…①形容非常多：～山～水（形容道路遥远而险阻）｜～军～马（形容雄壮的队伍和浩大的声势）｜～秋～岁｜～头～绪｜～丝～缕（形容关系非常密切）｜～言～语｜～呼～唤｜～变～化｜～辛～苦｜～差～别。②表示强调：～真～确｜～难～难。

【一…一…】yī…yī…①分别用在两个同类的名词前面。a）表示整个：～心～意｜～生～世（人的一生）。b）表示数量极少。～针～线｜～草～木｜～言～行。②分别用在不同类的名词前面。a）用相对的名词表明前后事物的对比：～薰～莸（比喻好的和坏的有区别）。b）用相关的名词表示事物的关系：～本～利（指本钱和利息相等）。③分别用在同类动词的前面，表示动作是连续的：～瘸～拐｜～歪～扭。④分别用在相对的动词前面，表示两方面的行动协调配合或两种动作交替进行：～问～答｜～唱～和｜～起～落｜～张～弛。⑤分别用在相反的方位词、形容词等的前面，表示相反的方位或情况：～上～下｜～东～西｜～长～短。

另一种，词典又选择诸如"一板一眼"、"一唱一和"、"一模一样"、"一时一刻"、"一手一足"、"一丝一毫"、"一心一德"、"一朝一夕"、"一字一板"等并对其分别作了解释。

不过，绝大多数工具书并不关注固定格式本身，而是直接将通过固定格式生成的单位列作需要解释的条目加以说明。《汉语成语词典》（李一化、吕德申主编，四川辞书出版社，1992）径直地罗列了像"千变万化"、"千仓万箱"、"千差万别"、"千仇万恨"、"千村万落"、"千刀万剐"、"千叮万嘱"、"千恩万谢"、"千红万紫"、"千呼万唤"、"千军万马"、"千门万户"、"千难万难"、"千难万险"、"千年万载"、"千秋万代"、"千秋万岁"、"千山万水"、"千生万死"、"千丝万缕"、"千思万想"、"千头万绪"、"千辛万苦"、"千岩万壑"、"千言万语"、"千真万确"等由"千……万……"生成的具体条目。

对固定格式生成词组的不同处理，反映出词典编纂者们在这一问题认识上的明显分歧。仅只对固定格式进行意义解释的处理方式，相当大程度上表明人们不以为通过这些固定格式生成的单位是词汇中的固定语，要不，难以理解为什么没有将它们哪怕是个别词组列入须单独解释的条目。仅只选择固定格式生成的某些词组来解释的处理方式，表明在词典编选者看来，通过这种方式生成的词组有些是可以认作词汇中的固定语的，但另有一些则应该有所区别，排除在固定语范围之外，否则，收录那些而单单没有将这些列入条目的做法恐怕就无法得到合情合理的解释。

虽说各类工具书都有自己的编纂原则和体例，一个词组能否成为词典中的条目涉及的因素也很多，可是，像《现代汉语词典》（修订版）"一……一……"固定格式中，将"一板一眼"、"一唱一和"、"一模一样"、"一时一刻"、"一手一足"、"一丝一毫"、"一心一德"、"一朝一夕"、"一字一板"等收录为条目，而独独不管诸如"一针一线"、"一草一木"等，这中间似乎找不出充分而又令人信服的理由。类似的情形也出现在不同工具书对固定格式"大……大……"的处理上。《现代汉语词典》（第5版）从"大……大……"中选取的条目有"大包大揽"、

"大彻大悟"、"大吹大擂"、"大慈大悲"、"大风大浪"、"大轰大嗡"、"大红大紫"、"大模大样"、"大起大落"、"大手大脚"等[①];《中华成语大辞典》(向光忠等主编，吉林文史出版社，1986)则不尽相同，收录有"大吵大闹"、"大彻大悟"、"大吹大擂"、"大慈大悲"、"大风大浪"、"大喊大叫"、"大轰大嗡"、"大模大样"、"大仁大义"、"大是大非"、"大手大脚"、"大摇大摆"等；而《中华语海》(孙维张 主编，东北师范大学出版社，1996)就更有差异，辑有"大包大揽"、"大吵大闹"、"大彻大悟"、"大吹大擂"、"大慈大悲"、"大风大浪"、"大喊大叫"、"大轰大嗡"、"大模大样"、"大仁大义"、"大是大非"、"大手大脚"、"大摇大摆"等。

同样是通过固定格式生成的单位，有些固定格式生成的词组可以看作固定语而作为工具书编纂的条目加以收录，而另有一些固定格式生成的词组则又不认为它们具有固定语的性质进而被排除在编纂的条目之外；同一个固定格式生成的单位，有的可以算作固定语，可另有一些则又不能看作固定语。显然，固定格式生成的单位是否具有固定语性质，哪些具有固定语性质等，大家的认识还不是十分明晰，更缺乏用以鉴别的标准。社会在语言的具体实践中出现互不一致甚而至于相互矛盾的现象也就不足为怪了[②]，因此，非常有必要从理论上来厘清固定格式与固定语之间的各种纠葛。

固定格式与固定语之间错综联系的要害之处在于两个方面：是不是所有的固定格式都能够形成词汇中的固定语？同一固定格式所生成的各词组是不是都有着相同的固定关联性？这两个问题如果能得到有效解决的话，固定格式与固定语之间的其他问题基本上就都可以迎刃而解了。

要想弄清楚固定格式与固定语之间的关联状况，对固定格式自身作出分析无疑是首先需要做的工作。

---

① 其中收录的"大男大女"等不属于这一类，所以此处未列入。

② 这种不同的处理肯定与工具书收录的规模大小等有关，但不能完全排除工具书编纂各家在该问题认识上的差异对条目处理的影响。

　　能反映出不同固定格式之间差异的因素不外乎这么三个方面[1]：固定格式表达出的意义性质、固定格式内部插入成分的性质以及所能插入成分的多少，等等。不同固定格式在上述三个方面都或多或少存在着一些差异。

　　A，固定格式表达的意义，其性质大体上可以区分为如下三类。

　　A₁ 类：

半……半……：分别用在意义相反的两个词或词素前面，表示相同的两种性质或状态同时存在[2]。比如："~文~白"、"~明~暗"、"~信~疑"、"~吞~吐"、"~推~就"，等等。

不₁……不₁……：①用在意义相同或相近的词或词素的前面，表示否定（稍强调）。比如："~干~净"、"~明~白"、"~清~楚"、"~偏~倚"、"~慌~忙"、"~痛~痒"，等等。

　　　　　　　　②用在同类而意思相对的词或词素的前面，表示恰好。比如："~多~少"、"~大~小"、"~肥~瘦"、"~方~圆"、"~明~暗"、"~上~下"，等等。

大……大……：分别用在单音名词、动词或形容词的前面，表示规模大，程度深。比如："~手~脚"、"~鱼~肉"、"~吵~闹"、"~吃~喝"、"~摇~摆"、"~红~绿"，等等。

七……八……：分别用在名词或动词前面，有多或者多而杂乱的意思。比如："~手~脚"、"~零~落"、"~上~下"，等等

　　A₂ 类：

随……随……：分别用在两个动词或动词性词组前面，表示后一

---

　　① 这些因素得有一个条件，就是，有可能直接影响到凭这些格式生成的词组与固定语之间的关联程度。

　　② 意义的解释都来自《现代汉语词典》（第 5 版）（中国社会科学院语言研究所词典编辑室，商务印书馆，2005）。下同。

个动作紧接着前一动作而发生。比如："～叫～到"、"～写～扔"、"～吃～拉"、"～来～办"，等等。

边……边……：分别用在动词前面，表示动作同时进行。比如："～说～做"、"～干～学"、"～唱～跳"、"～吃～聊"，等等。

连……带……：①表示两种动作紧接着，差不多同时发生。比如："～说～唱"、"～滚～爬"、"～蹦～跳"，等等。

②表示前后两项加在一起。比如："～本～利"、"～老～小"，等等。

一……就……：表示两事时间上前后紧接。比如："～学～会"、"～开～谢"、"～吃～吐"、"～教～懂"、"～请～到"、"～说～成"、"～推～倒"，等等。

东……西……：表示"这里、那里"的意思。比如"～奔～跑"、"～张～望"、"～拼～凑"、"～倒～歪"、"～涂～抹"，等等。

A_3 类：

不 $_2$……不 $_2$……：用在同类而意思相对的词或词素的前面，表示"如果不……就不……"。比如："～见～散"、"～破～立"、"～塞～流"、"～止～行"，等等。

爱……不……：分别用在同一个动词前面，表示无论选择哪一种都随便，含有不满的情绪。比如："～管～管"、"～说～说"、"～来～来"、"～走～走"，等等。

A_1 类、A_2 类固定格式表达出的意义，彼此之间的分别相对清楚。后一类的意义已经完全虚化，性质上是语法的；前一类则相反，意义还都比较实在、具体，应当看成是词汇性质的。A_3 类的情况有些特殊，整个格式体现出来的意义，当中既有词汇意义的成分，同时也多少含有一些语法意义的因素。"不 $_2$……不 $_2$……"在由"不"表达词汇意义的同时，还附带出"如果……就……"的表示假设的语法意义；同样，"爱……不……"在表达语法意义的同时还顺带地表达出"不满情绪"的词汇附加义。

固定格式表达的这些不同意义会直接影响到它们与固定语的关联程度。一般地，表达词汇意义的 A_1 类格式与固定语的关联要比 A_2 类、A_3 类都来得紧密些。这其中，又数纯粹表达语法意义的 A_2 类与固定语的关系最为疏远。①

B，依据插入成分的不同性质而可以将固定格式区分为以下两类。

B_1 类：

不 $_1$……不 $_1$……："～声～响"、"～理～睬"、"～闻～问"、"～胖～瘦"，等等。

大……大……："～手～脚"、"～鱼～肉"、"～吵～闹"、"～吃～喝"、"～摇～摆"、"～红～绿"，等等。

半……不……："～长～短"、"～高～矮"、"～大～小"、"～多～少"，等等。

非……即……："～此～彼"、"～亲～友"、"～打～骂"，等等。

千……万……："～山～水"、"～头～绪"、"～辛～苦"、"～变～化"、"～真～确"，等等。

似……非……："～绸～绸"、"～蓝～蓝"、"～笑～笑"、"～懂～懂"，等等。

B_2 类：

一……就……："～看～明白"、"～起床～看书"、"～想到他～很伤心……"，等等。

边……边……："～洗衣～看孩子"、"～吃面包～打手机"、"～看书～听音乐"，等等。

连……带……："～老师～学生"、"～看电影～玩游戏"、"～打～闹腾"，等等。

---

① 笔者曾经指出："完全可以首先根据表达意义的性质来断定所形成的词组是否具有固定语性质。若固定格式表示的是语法意义，借之生成的词组就可基本排除在固定语范围之外。"有关分析详见拙文《一种由充实固定格式而形成的固定语》，《语言学论辑》，第 4 辑，南开大学出版社，2002 年版。

东……西……："～看看～瞧瞧"、"～一把～一把"、"～榔头～
　　　一榔头"，等等。

B₁类固定格式中可填入的成分多半只允许是单音节的，而 B₂类
的情况有所不同，填入固定格式的成分性质上基本不受限制：可以是
词（单音节的、双音节的），也可以是短语甚或是句子。

若填入固定格式的成分如 B₁类那样，那么，依凭这些格式而产生
出来的词组就都成为了四个音节的组合，而这就使得它们与固定语之
间的关联十分接近，至少组合形式上是如此。相对于 B₁类而言，B₂
类的情况则不然，它们自身显然缺乏能让社会在它们与固定语之间建
立起某种关联的形式上的线索，同固定语之间的关联程度要大大逊于
B₁类与固定语之间的关联。

C，从插入成分的多少上来看，固定格式能分别成这么两类不同
的情形。

C₁类，填入固定格式的成分受到很大的限制，格式本身很难说具
有能产性。比如"不……而……"，除了已经产生的"～寒～栗"、"～
劳～获"、"～谋～合"、"～期～遇"、"～言～喻"、"～约～同"、"～
翼～飞"、"～胫～走"等之外，想利用这种格式来生成其他一些词组
则显得比较困难——这种困难倒不是不能套用它来创造出词组，而是
凭此格式创造出来的词组感觉上怎么都不是原来的那种味儿、那种格
调。——"不……而……"其实是古汉语用法在今天的遗存，对填入
成分有着特殊的要求，不太适宜随意填入现代汉语中的成分。

固定格式中类似这样不能任意填入成分的情形还可以再举出一
些：

一……半……："～鳞～爪"、"～年～载"、"～时～刻"、"～星～
　　　点儿"、"～知～解"，等等。

一……不……："～定～易"、"～去～返"、"～蹶～振"、"～言～
　　　发"、"～毛～拔，等等。

一……二……："～干～净"、"～清～楚"、"～清～白"、"～穷～
　　　白，等等。

C₂类，填入的成分比较多，整个格式具有较强的类推生命力。比如，依凭"左……右……"生成的词组随手就可以举出："～说～说"、"～思～想"、"～看～看"、"～瞧～瞧"、"～谈～谈"、"～议～议"、"～一趟～一趟"、"～看看～瞧瞧"等；再比如，以"爱……不……"为基础生成的词组就有："～管～管"、"～说～说"、"～来～来"、"～写～写"、"～参加～参加"、"～考试～考试"、"～喝啤酒～喝啤酒"等。

比较起来，C₁类因为不能产，社会容易将以它们为基础生成的有限的词组当作固定语看待；而 C₂类的情况恐怕不同，固定格式较强的类推能力说明，它们自身的凝固程度尚还不够，与固定语的关联程度明显不如 C₁类。

以上是对涉及影响固定格式与固定语关联程度的各种因素进行了个别的分析。

不过，就某一固定格式而言，要想知道它与固定语之间的关联程度到底如何，就需要结合着上述谈及的不同方面来综合考虑分析，而不能只偏于其中的某一个方面。

为了把固定格式与固定语之间的关联状况更直观地表现出来，这儿拟采用综合分值计算的办法：首先，根据 A、B、C 各类与固定语关联的程度而分别赋予不同的分值；其次，根据不同固定格式在 A、B、C 上的不同表现计算出各固定格式的综合分值。

A、B、C 各类的具体分值可分别设置如下[①]：

A_1：10 分　　　　B_1：5 分　　　　C_1：10 分
A_2：1 分　　　　B_2：1 分[②]　　　C_2：2 分
A_3：5 分

---

① 分值越高，表明它与固定语的关联程度越紧密。
② 固定格式中能否插入单音节成分，其实与该格式自身是否具有词汇性没有直接关系。考虑到，插入单音节成分后极容易使得固定格式生成四个音节的词组，而这正是汉语固定语中极为重要的组成部分，也因此极容易与固定语之间存在着纠缠不清的问题。

固定格式的综合分值越高，说明它与固定语的关联程度越近，反之则越远。固定格式中各类情形的具体综合分值如下。

D，$A_1+B_1+C_1$，其综合分值为 25。比如：

没……没……： 用在两个反义的形容词前面，多表示应区别而未区别，有不以为然的意思，比如，"～大～小"、"～深～浅"、"～老～少"，等等。

不……不……： 用在意思相同或相近的词或词素的前面，表示否定（稍强调），比如："～干～净"、"～明～白"、"～闻～问"，等等。

一……一……： 分别用在两个同类的名词前面，表示整个，比如，"～心～意"、"～生～世"，等等。

E，$A_2+B_2+C_2$，其综合分值为 4。比如：

连……带……： 表示两种动作紧接着，差不多同时发生，比如，"～滚～爬"、"～蹦～跳"、"～说～唱"，等等。

一……就……： 表示两事时间上前后紧接，比如，"～学～会"、"～开～谢"、"～吃～吐"，等等。

左……右……： 强调同类行为的反复，比如，"～说～说"、"～看～瞧"、"～一趟～一趟"，等等。

东……西……： 表示"这里……那里……"的意思，比如，"～张～望"、"～奔～跑"、"～拼～凑"，等等。

F，$A_1+B_1+C_2$，其综合分值为 17。比如：

半……半……： 分别用在意义相反的两个词或词素前，表示相同的两种性质或状态同时存在，比如，"～信～疑"、"～推～就"、"～明～暗"，等等。

大……大……： 分别用在单音名词、动词或形容词的前面，表示规模大"、"程度深，比如，"～手～脚"、"～摇～摆"、"～吵～闹"，等等。

大……特……： 分别用在同一个动词前面，表示规模大、程度深，比如，"～书～书"、"～吃～吃"、"～改～改"，等等。

没……没……： 用在两个同义的名词、动词或形容词前面，强调
没有，比如，"～皮～脸"、"～完～了"、"～着～落"，
等等。

七……八……： 嵌用名词或动词（包括词素），表示多或多而杂
乱，比如，"～零～落"、"～折～扣"、"～上～下"，
等等。

有……无……： 表示只有前者而没有后者，比如："～利～弊"、
"～名～实"、"～始～终"，等等。

有……有……： 分别用在意思相同或相近的两个词（或一个双音
词的两个词素）前面，表示强调，比如，"～鼻子～眼
儿"、"～棱～角"、"～情～义"，等等。

G，$A_2+B_1+C_1$，其综合分值为16。比如：

不……而……： 表示虽不具有某条件或原因而产生某结果，比如，
"～劳～获"、"～约～同"、"～胫～走"，等等。

一……而……： 分别用在两个动词前面，表示前一个动作很快产
生了结果，比如，"～哄～散"、"～扫～光"、"～挥～
就"，等等。

H，$A_2+B_1+C_2$，其综合分值是8。比如：

前……后……： 表示两种事物或行为在空间或时间上一前一后，
比如，"～街～巷"、"～因～果"、"～呼～拥"，等等。

且……且……： 分别用在两个动词前面，表示两个动作同时进行，
比如，"～谈～走"、"～战～退"、"～说～笑"，等等。

随……随……： 分别用在两个动词或动词性词组前面，表示后一
动作紧接着前一动作而发生，比如，"～叫～到"、"～
买～吃"、"～挣～花"，等等。

一……一……： 分别用在相对的动词前面，表示两方面的行动协
调配合或两种动作交替进行，比如："～问～答"、"～
唱～和"、"～张～弛"，等等。

J，$A_3+B_1+C_1$，其综合分值为20。比如：

半……不……： 嵌入意义相反的两个单音的形容词，表示"既

不……也不……"的意思，比如，"～长～短"、"～高～矮"、"～大～小"，等等。

一……不……：分别用在两个动作前面，表示动作或情况一经发生就不改变，比如，"～定～易"、"～去～返"、"～蹶～振"，等等。

不……不……：用在同类而意思相对的词或词素的前面，表示"如果不……就不……"的意思，比如，"～见～散"、"～破～立"、"～止～行"，等等。

K，$A_3+B_1+C_2$，其综合分值为 12。比如：

非……非……：表示"既不是……也不是……"的意思，比如，"～亲～故"、"～驴～马"、"～你～我"，等等。

L，$A_3+B_2+C_2$，其综合分值为 8。比如：

爱……不……：分别用在同一个动词前面，表示无论选择哪一种都随便，含不满情绪，比如，"～吃～吃"、"～写～写"、"～考～考"，等等。

不……不……：用在同类而意思相对的词或词素的前面，表示"既不……也不……"，比如，"～死～活"、"～方～圆"、"～明～暗"，等等。

O，$A_1+B_2+C_2$[①]，其综合分值为 13。比如：

说……道……：分别嵌用相对或相类的形容词"、"数词等表示各种性质的说话，比如，"～长～短"、"～三～四"、"～东～西"，等等。

上述各类固定格式与固定语的关联程度可图示如下：

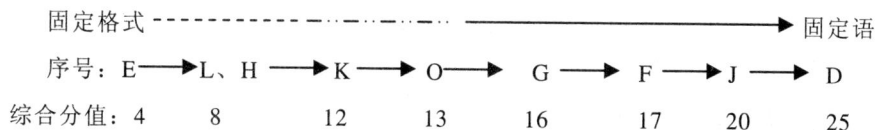

固定格式 ------- —— ————————→ 固定语

序号：E —→ L、H —→ K —→ O —→ G —→ F —→ J —→ D

综合分值：4　　　8　　　　12　　　13　　　16　　　17　　　20　　　25

---

① 影响固定格式的 A、B、C 各因素之间的排列组合理论上应该远多于文中列出的这些，但是理论上的组合未必会有实际语料的支持。从我们所掌握的语料来看，存在着的大概就是这么几类情况。

上图清楚地显示出，D 类固定格式综合分值最高，与固定语的关联最为接近，而 E 类综合分值最低，同固定语的关系最为疏远。

然而，固定格式毕竟还不完全等同于据此产生的词组，固定格式与固定语的关联也因此并不完全等同于据此产生的各词组与固定语之间的关联——它只是为据此产生各词组的固定语性质的判断提供了重要的依据之一。顶多只能认为，固定格式与固定语的关联越近，以它们为基础而产生出来的词组越像固定语，也越容易被社会当成固定语看待。但最后能不能确切地成为固定语，还得看填入固定格式的成分的性质状况。

据观察，填入固定格式的成分大略有以下不同情形。

M，原来是一个双音节词，被分拆开来后填入固定格式中。[①]比如：

干净：不干不净、一干二净	清楚：不清不楚、一清二楚
清白：一清二白	慌忙：不慌不忙
理睬：不理不睬	摇摆：大摇大摆
张望：东张西望	奔跑：东奔西跑
呼唤：千呼万唤	折扣：七折八扣
因果：前因后果	踪影：无影无踪
情义：有情有义	棱角：有棱有角
时刻：一时半刻	缘故：无缘无故

双音节词被分拆开来后，它们结构上的这种凝固性未见有什么明显的变化，至少语感上，人们还是将它们认作"词"的。这样一来，整个固定格式因为"词"的结构的凝固性而使得自身的结构凝固程度得到了更进一步的加强。

N，填入的成分不是现代汉语中现成的词，这其中又包括：

N₁ 类，填入的成分是古代汉语的或者其相关用法是古代汉语的（见下划线部分），比如：

---

① 填入固定格式的成分与现实存在的某双音节词若只是形似而神不似，那么就不能算作这一类。比如"水电"与"有水有电"中的"水电"的含义就不具同一性，不能认定为是对现成"词"的分拆；"书本"与"有书有本"的情况也同此。

不谋而合	不期而遇
不言而喻	不翼而飞
不胫而走	不言不语
不偏不倚	前倨后恭
前俯后仰	一蹶不振

填入的成分虽然不是汉语中现成的词，但由于它们长期地与这些格式共现于一起而使得彼此几近融于一体，其结构的凝固性毋庸置疑。

N$_2$类，填入的成分是现代汉语的，虽然不是一个现成的词，但却经常使用于一起，比如：

板–眼：有板有眼	生–熟：半生不熟
痛–痒：不痛不痒	见–散：不见不散
嘴–舌：七嘴八舌	驴–马：非驴非马
心–肺：没心没肺	

经常搭配在一起的成分在被充实到固定格式后，对固定格式结构的加固起着某种积极的作用。

N$_3$类，填入的成分是现代汉语的，但既不是现成的词，也不见于总是用在一起，比如：

酒–茶：有酒有茶	喝–穿：有喝有穿
谈–走：且谈且走	歪–扭：一歪一扭
车–房：有车有房	吃–住：有吃有住

填入的成分不但无助于使固定格式在既有基础上得到更进一步的加强，相反地，因为它们之间的无关联性反倒使得固定格式原来的凝固性得到了某种程度的削弱、抵消，从而不利于社会在它们与固定语之间建立起有效的联系。

P，填入的成分前后相同，比如：

似看非看	爱管不管
大书特书	一拖再拖
左看右看	一误再误

因填入的成分都完全相同，它们对整个固定格式的结构不会产生任何

积极或消极的影响。

如果根据填入固定格式的成分对固定格式的固定性所起作用的大小来赋予它们不同分值的话，那么，上述各类分值可分别设置如下：

M 类：10 分

N_1 类：10 分

N_2 类：5 分

N_3 类：0 分

P 类：0 分

既然明确了固定格式与固定语的不同关联程度，也明确了填入固定格式成分的不同情形对固定格式的影响，那么，接下来就可以结合着这两个方面，对以固定格式为基础产生出来的词组的固定语性质作出较为客观的判断。

固定格式中的不同类别会与填入成分的不同情形于理论上形成许多不同的组合类型。为了更好地考察它们与固定语之间的关联程度，一如上文，我们将只罗列出能得到现实语料支持的那些类别；此外，仍将采用综合分值的方法来加以衡量，把以固定格式为基础产生的词组与固定语之间的关系程度数值化。

1，D+M，其综合分值为 35。比如，"没大没小"、"没老没少"、"没深没浅"，等等。

2，E+M，其综合分值为 14。比如，"东张西望"、"东奔西跑"、"东拼西凑"，等等。

3，E+N_3，其综合分值为 4。比如，"连滚带爬"、"连蹦带跳"、"连本带利"，等等。

4，F+M，其综合分值为 27。比如，"大手大脚"、"有声有色"、"没着没落"，等等。

5，F+N_2，其综合分值为 22。比如，"半信半疑"、"半推半就"、"半明半暗"，等等。

6，F+N_3，其综合分值为 17。比如，"有名无实"，等等。

7，F+P，其综合分值为 10。比如，"大吃特吃"、"大侃特侃"、"大改特改"，等等。

8，G+N_1，其综合分值为 26。比如，"不胫而走"、"不翼而飞"、"一挥而就"，等等。

9，G+N_2，其综合分值为 21。比如，"一哄而散"、"一扫而光"、"一挥而就"，等等。

10，H+M，其综合分值为 18。比如，"前因后果"、"一问一答"、"一唱一和"，等等。

11，H+N_3，其综合分值为 8。比如，"前街后巷"、"且说且笑"、"随叫随到"，等等。

12，J+M，其综合分值为 30。比如，"道长不短"、"道大不小"，等等。

13，J+N_1，其综合分值为 30。比如，"一定不易"、"一蹶不振"、"不止不行"，等等。

14，J+N_2，其综合分值为 25。比如，"不见不散"、"不破不立"，等等。

15，J+N_3，其综合分值为 20。比如，"一去不返"，等等。

16，K+N_2，其综合分值为 17。比如，"非亲非故"、"非驴非马"，等等。

17，K+N_3，其综合分值为 12。比如，"非你非我"，等等。

18，L+P，其综合分值为 8。比如，"爱去不去"、"爱打不打"、"爱睡不睡"，等等。

19，L+M，其综合分值为 18。比如，"不死不活"、"不方不圆"，等等。

20，L+N_3，其综合分值为 8。比如，"不明不暗"，等等。

21，O+M，其综合分值为 23。比如，"说东道西"、"说长道短"，等等。

22，O+N$_2$，其综合分值为 18。比如，"说三道四"，等等①。

上述分析表明，充实固定格式形成的不同词组其实处于一个连续的统一体中，居于连续统两端的两类——综合分值为 35 的第一类和综合分值为 4 的第三类，它们与固定语的关系最为鲜明：第一类与固定语最近，是完全应该当作固定语来看待的，第三类与固定语最远，不适合看成固定语。介于中间的其他各类，分值上越是接近于 35，它们被看作固定语的可能性就越大——社会要是把它们看作固定语的话，一般难以认为不正确、不合理；分值上越是接近于 4，那么就越容易、越倾向于被当作非固定语来对待。

1.4.2.3.2　汉语中有些成分缺乏独立性，总须整体上同其他成分挨连地用在一起，并最终以词组的面貌出现于全社会面前。在这一点上，它们倒与上文所论固定格式颇为相似，也可以算作一种固定格式。以它们为基础而照样能形成系列词组。比如：

自相……："～矛盾"、"～惊扰"、"～残杀"、"～水火"、"～鱼
　　　　　肉"，等等。

绿色……："～食品"、"～蔬菜"、"～餐盒"、"～电视"、"～汽
　　　　　车"、"～冰箱"、"～手机"、"～电池"、"～产业"、"～
　　　　　奥运"，等等。

不可……："～名状"、"～战胜"、"～思议"、"～推卸"、"～原
　　　　　谅"、"～饶恕"、"～调和"，等等。

问题……："～少年"、"～家庭"、"～青年"，等等。

满面……："～春风"、"～春光"、"～微笑"，等等。

难以……："～言传"、"～名状"、"～想象"、"～置信"，等等。

无从……："～下手"、"～谈起"、"～做起"，等等。

……交加："悔恨～"、"悲愤～"、"风雨～"、"贫病～"，等等。

……工程："菜篮子～"、"环保～"、"希望～"、"阳光～"、"民
　　　　　心～"、"211～"、"畅通～"、"厨房～"、"母亲～"，等

---

① 尽管分析已达二十多种，但这恐怕未必能涵盖当中的各种类型。未涉及各情况可根据上述方法逐一加以解决。

等。

……世家："政治～"、"体育～"、"教育～"、"教师～"，等等。①

由于这种类型的固定格式并不涉及前后成分，相应地，也就不能依据这种固定格式内在的固定性来判断凭此生成词组的固定性。对以它们为基础构成的各词组，只能根据这些格式本身同所连接成分之间的结构上的特点和使用的习用性来判别能否成为固定语：结构紧密且又经常一起组合使用的，可以看作固定语；结构紧密但缺乏使用习用性或结构松散并且只是临时的组合，则以不看作固定语为好。比如"自相矛盾"，"自相"和"矛盾"中不允许插入其他成分，结构上较为固定；它们彼此总关联在一起。"自相矛盾"是固定语。同样，"绿色食品"、"211 工程"中既不能添加任何成分，又非临时凑合，不能不认为它们也是固定语。② 可对于"无从"来说，它与"做起"、"谈起"的组合不具有习用性质，属于临时性的搭配，所见的"无从做起"、"无从谈起"等相应地也不宜认定为固定语。

1.4.2.3.3 另有一些原本是固定语的单位，因为其中某个构成成分可以不断地被替换，从而生发出一连串与原固定语结构十分类似的组合。这方面，张清常（1993）以"说矮话"为例很典型地说明了这种情况。他指出，以"说矮话"为框架而可以类推出：

说风凉话	说糊涂话
说怪话	说混账话
说鬼话	说漂亮话
说胡话	说荤话
说混话	说开心话
说宽心话	说轻松话
说梦话	说松神话

---

① "自相"等表面上同只附丽于词根之上的词缀相似，而实际上前者以各有实在的词汇意义迥异于词缀，不能与词缀混为一谈。

② 对"绿色……"和"……工程"来说，它们同连接的成分合在一起共同表达了一个完整的概念，具有专名性，而完整概念的表达是同表达单位的固定性分不开的。因此，由它们生成的词组都应归在固定语范围之内。

说清话　　　　　　　　　说痛快话

说实话　　　　　　　　　说闲话

说挖苦话　　　　　　　　说瞎话……

类似这样的情形恐怕还不会只是个别，再比如：

鬼迷心窍　　　　　　　　开后门

财～　　　　　　　　　　走～

官～　　　　　　　　　　想～

色～　　　　　　　　　　找～

……　　　　　　　　　　……

鲜为人知　　　　　　　　臭名远扬

不～　　　　　　　　　　黄～

少～　　　　　　　　　　偷～

难～　　　　　　　　　　吃～

……　　　　　　　　　　……

抛头露面　　　　　　　　寝食不安

出～　　　　　　　　　　～难安

……　　　　　　　　　　……

　　这些依靠类推生成的单位会不会因为所从出的单位具有固定语性质而天然地也可以成为固定语呢？当然不是，也不应该是这样。能不能被看作固定语，关键需要看它们是否具备了固定语的特征。假如类推产生的单位只是一种临时性的言语组合，成不了语言的建筑材料单位，其自身性质会如何可以置之不理，像所谓的"官迷心窍"、"想后门"、"黄名远扬"等就是这样；假如，类推而产生的词组不再具有临时性，而已经成了语言词汇中的一个现成单位，那么，它们性质上就应该是固定语，比如，上文的"走后门"、"财迷心窍"、"出头露面"等就是这样，"说风凉话"、"说闲话"、"说梦话"等恐怕也应该如此。

　　需要指出的是，有时，同一个构成成分可以与其他不同的成分组成一系列的不同单位——这看起来有点类似于是某种框架下的类推，其实不然。——它们都是汉语中具有结构固定性质的固定语。比如"吃"：

吃利息	吃白食
吃老本	吃救济
吃回扣	吃公家
吃大户	吃大锅饭
吃闲饭	吃房租
吃劳保	吃现成饭
吃青春饭	吃红牌
吃食堂	吃粉笔灰
吃枪子	吃定心丸
吃豹子胆	吃小灶
吃拳头	吃黄牌

1.4.2.3.4　现代汉语中，有些词语或只能与否定性成分搭配，或以与否定性成分搭配为常见。它们是否定搭配词语。否定搭配词语主要分布在名词、动词、形容词、副词和代词等几类中。名词类有"二话"、"毫发"、"好气儿"、"善类"、"踪影"、"皂白"、"轻重"、"凡响"、"边际"、"声息"等；动词类主要有"答理"、"抵事"、"非难"、"分说"、"理睬"、"苟同"、"见得"、"介意"、"开交"、"吭声"、"聊赖"、"买账"、"识羞"、"示弱"、"相干"、"问津"、"置辩"、"济事"、"捉摸"、"自拔"、"作兴"、"罢休"、"声张"、"碍事"等；形容词类主要有"打紧"、"起眼儿"、"人道"、"中用"、"耐烦"、"经意"、"景气"、"像话"等；副词类主要有"压根儿"、"断断"、"断乎"、"绝"、"毫"、"根本"等；代词类如"怎么"（"有一定程度"义）、"怎么样"（"代替某种不说出来的动作或情况"义）等。①

　　否定搭配词语只是要求与否定词或否定性成分形成搭配，比如"罢休"需要说成诸如"不会马上罢休"、"不想罢休"等才行；"耐烦"

---

① 见拙文《说否定搭配词语》（《烟台师范学院学报》，1998，4）、《否定搭配的词语和句式》（《中国对外汉语教学学会华北分会对外汉语教学研究论文集》，天津人民出版社，1999）。

则也要组合成诸如"很不耐烦"、"不很耐烦"等才通。这些搭配，性质上较为接近刘叔新先生提出的特定搭配组（1990），与固定语并不存在什么纠葛。

不过，也有一小部分，与否定词（或否定性成分）搭配后形成中间不能或很难插进什么成分的"固定的整体单位"，比如"无"和"聊赖"形成"无聊赖"，"无"同"立锥之地"生成"无立锥之地"，"不"和"作兴"形成的"不作兴"，"不分"与"皂白"形成"不分皂白"，"不知"与"轻重"形成"不知轻重"，"不由"同"分说"形成"不由分说"，"不甘"与"示弱"形成"不甘示弱"，"不敢"同"苟同"形成"不敢苟同"，"毋庸"与"置辩"形成"无庸置辩"，等等。它们因为具有了固定语的特征而都不应该被排除在固定语的范围之外。

1.4.2.4 AABB 式与固定语

汉语词汇中存在着相当数量的 AABB 式，它们内部的性质并不简单。这种复杂性可从词典编纂者对它们收条的具体处理上清楚地反映出来。

词典编纂者们在编纂有关"语"的辞典的时候都不约而同地考虑到了 AABB 式，并且也都不同程度地辑录了其中的一部分，但各家收录的 AABB 条目很不一样。《汉语成语词典》、《古今汉语成语词典》（山西教育出版社，1991）所收录的 AABB 总数大体相等，分别为 44条和 51 条，可彼此一致的条目只有诸如"兢兢业业"、"郁郁葱葱"、"林林总总"等 20 条，而各自词典中却有一多半的条目异于对方。像见于《汉语成语词典》的"子子孙孙"、"马马虎虎"、"纷纷扰扰"、"怪怪奇奇"等 AABB 式却不见于《古今汉语成语词典》，而那些收在后者中的"大大咧咧"、"口口声声"、"生生世世"、"是是非非"等却又未见于前者。

其实，不只不同"语"的工具书在 AABB 具体条目的处理上表现出差异性，就是在同一部"语"的工具书里，AABB 的选定似也没有什么章法可循。经常可以看到这样的情形：某 AABB 可以以条目出现而同时与之同质的其他 AABB 却又无缘由地被摈除在词典之外。比如，

《汉语成语词典》中收了"躲躲闪闪"，却没有收"摇摇晃晃"、"拉拉扯扯"等，收了"吹吹打打"却没有收"蹦蹦跳跳"、"吃吃喝喝"等，收录了"勤勤恳恳"却没有收"冷冷清清"、"高高兴兴"等，不一而足。从另一个角度看，那些已经辑录在"成语词典"里的 AABB，性质上不是"语"的也不鲜见：有些只是词，有些根本不是固定的词汇单位，只是语法上词的重叠。

词典编纂者们将部分 AABB 式列为"成语词典"条目的做法，表明了一部分 AABB 式在人们语感中的"语"的性质——它们是经常被社会当作固定语来看待的。然而由于什么样的 AABB 式能够算作"语"的问题没有得到解决，这不可避免地影响到了有关"语"的工具书编纂的实践。要想从根本上改变这种状况，理论上给同形异质的 AABB 作出详尽的分析，区分出异质的不同类别，并指明哪些能够成为"语"，哪些不能作为"语"，才是解决问题最有效的办法。也只有这样，"语"的工具书在 AABB 条目上的编辑才不致因缺乏一定理论的指导而表现出漫无边际的随意性。

在产生方式上，所有的 AABB 式都可以一分为二：以双音节词 AB 为原式并作为产生基础的是一类，如"日日夜夜"（与"日夜"相对）、"平平安安"（与"平安"相对）等；除此而外的部分则是另一类——它们由 A 的重用式和 B 的重用式联合构成，比如"期期艾艾"。据《史记·周昌列传》载，周昌反对汉高祖刘邦废太子，为之争辩说，"臣口不能言，然臣期期知其不可"；而"艾艾"则另载于《世说新语·言语》"邓艾口吃，语称艾艾"。"期期艾艾"合预先分别重用的"期期"、"艾艾"二者而构成。

把 A 的重用形式 AA 和 B 的重用形式 BB 并列地放在一起构成的 AABB，因为没有相对应的原式 AB 存在，没有 AB 在其中与 AABB 发生纠缠，它们往往容易成为词汇中的成员，如"三三两两"、"心心念念"、"唯唯诺诺"、"卿卿我我"、"朝朝暮暮"、"婆婆妈妈"、"嘻嘻哈哈"、"骂骂咧咧"、"沸沸扬扬"、"花花绿绿""林林总总"、"洋洋洒洒"等。许多工具书在确定收录 AABB 条目时虽然没有宣明自己的选定依据，但也都有意或无意地以此作为事实上的标准。尽管这样，但还不能就此下结论，认为通过这种途径产生出来的 AABB 都属于词汇中的成员，比如"哭哭啼啼"、"蹦蹦跳跳"、"哭哭闹闹"、"走走停停"等。一方面，它们确然没有相对应的现实存在着的"哭啼"、"蹦跳"、"哭闹"、"走停"等原式，可是另一方面，组成成分中的 AA、BB 可以被不少其他成分替换（"哭哭啼啼"中的"啼啼"就可以用诸如"闹闹"、"笑笑"、"停停"等来替换；"吹吹打打"中的"吹吹"可以用"停停"、"推推"、"歇歇"等来替换，其中的"打打"则可以用"停停"、"捧捧"、"歇歇"等来替换），有的还可以于 AA 和 BB 之间插入一些其他成分，这些无不表明了它们的自由词组性质——只是临时性的自由搭配。因而，联合两个不同重用式形成的 AABB 若要成为词汇中的成员，AA 和 BB 还须能固定或比较固定地组合在一起。

依凭 AB 而能够产生出大量的 AABB，这些因应于 AB 的各单位虽然都同具 AABB 之形，却未必彼此同质，个中情况十分驳杂。

a.

冷清——冷冷清清   庸碌——庸庸碌碌

懒散——懒懒散散   鬼祟——鬼鬼祟祟

b.

干净——干干净净   漂亮——漂漂亮亮

大方——大大方方   踏实——踏踏实实

a 类中的 AB——"冷清"、"庸碌"、"懒散"、"鬼祟"等都是单义，相应的 AABB 就只能以它们这唯一存在的意义作为基础来形成。b 类与 a 类恰成相反，其中的原式均为多义词。不过，AB 中的每一个意义都可以用作形成 AABB 的基础，只要需要都能构成对应的 AABB 式。比如，"干净"的"没有尘土、杂质"义能形成"干干净净"（如"教室里打扫得干干净净"），它的另一义"比喻一点不剩"也可以有"干干净净"的形式（如"吃得干干净净"）。从某种意义上看，b 类与 a 类又毫无二致：存在于 AB 中的任何一项意义都有与之相对应的 AABB。

不论 a 类还是 b 类，由于各意义基础上的 AABB 与对应的 AB 之间在词汇意义的表达上没有实质的不同，只不过前者在表达了后者 AB 词汇意义的同时还附带有某种表达程度的语法意义而已。[①] AB 与 AABB 同质，彼此共属一个词位，AABB 只是 AB 词位的变体。

c.

高兴——高高兴兴	正经——正正经经
整齐——整整齐齐	吞吐——吞吞吐吐

c 类中的 AB 也是多义词，但它们的多个意义并非都如 b 类那样可以形成相应的 AABB 式。现今看到的 AABB 式都只是因应于 AB 中的某一个或某些义项而不是 AB 的全部义项。比如，"高兴"含有两项意义：①愉快而兴奋；②带着愉快的情绪去做某件事，喜欢。而"高高兴兴"只是以"高兴"的义项①作为形成基础。"正经"有四项意义：①端庄正派；②正当的；②正式的、合乎一定标准的；④〈方〉确实，实在。而能作为"正正经经"形成基础的不过是"正经"的义项①和义项②。这种情况下，原式 AB 在内含的意义数量上至少较 AABB 多出一项，显示出了它们意义内涵上的不同。似乎可以认为，c 类中的 AABB 是与 AB 相并列的另一个词汇单位。然而，由于 AABB 所内含的各项意义均脱胎于 AB 的相应意义并以 AB 相应意义作为其自身内容的形成基础，而且，前者与形成基础的 AB 之间只是语法程度上的分别；由于 AABB 的义项数没有超出原式 AB 的义项数，AABB 的主要内容即词汇意义方面因而都没有能超出 AB 的意义范围，靠 AB 完全可以表达出 AABB 的全部词汇意义。它们也只是各自 AB 的词位变体。应该看到，因为原式中还有部分义项不能形成对应的 AABB，使得 AB 不能与 AABB 保持全方位的联系，彼此的联系程度不如 a、b 两类。

d.

疙瘩——疙疙瘩瘩	男女——男男女女

[①] 这种情况语法学界已有公论，这儿毋须再作分析。

是非——是是非非

e.

祖辈——祖祖辈辈　　　　　　千万——千千万万

日夜——日日夜夜

f.

跌撞——跌跌撞撞　　　　　　支吾——支支吾吾

拉扯——拉拉扯扯　　　　　　躲闪——躲躲闪闪

　　d 类与 e 类表面上相差不多，区别之处在于，由原式 AB 中选取某一意义而形成的 AABB，其意义与作为形成基础的 AB 某意义之间并不只是程度上的差别，而是词汇意义上的不同。例如，"疙瘩"包括三项意义：①皮肤上突起的或肌肉上结成的硬块；②小球形或块状的东西；③不易解决的问题。依义项①形成的"疙疙瘩瘩"，其意义却成了"不平滑、不顺利"，与义项①出入较大。"男女"指：①男性和女性；②儿女。而"男男女女"依义项①形成，但意却指有男有女的一群人。"是非"指：①事理的正确和错误；②口舌。而据义项①形成的"是是非非"则指能明辨是非曲直。e 类、f 类亦与此相仿佛。e 类中的"祖辈"意指祖宗、祖先，而"祖祖辈辈"则指世世代代。"千万"指务必，而"千千万万"则指数量很多。"日夜"指白天黑夜，而"日日夜夜"则指日以继夜连续不断，多形容延续的时间长。f 类与 e 类稍有不同，AB 与 AABB 在理性意义的概括上彼此一致，但该类中的一方往往含有某种附属意义，而另一方通常并不具有。与"跌撞"、"支吾"、"拉扯"、"躲闪"等相比，"跌跌撞撞"、"支支吾吾"、"拉拉扯扯"、"躲躲闪闪"等都含有某种表示动作连续不断的形象色彩。只就 f 类而言，AB 与 AABB 词汇意义上的差别是一方面。另一方面，双音节动词的重叠式以 AABB 而不是以 ABAB 的格式出现，AABB 中也不见了双音节动词重叠以后出现的轻声现象等，表明了它们有别于一般双音节动词的语法重叠，不属于语法重叠。因此，d 类、e 类和 f 类中的 AABB 应与 AB 并列，分属两类不同的词汇单位。

g.

子孙——子子孙孙　　　　摇摆——摇摇摆摆
风雨——风风雨雨

g 类中，对应于 AB 某意义产生出来的 AABB，除了表达因应于 AB 的那一意义之外，还又引申出了其他的意义。"子孙"意指儿子和孙子，泛指后代，而"子子孙孙"则不但含有"子孙"所表达的意义，而且还可以表达"世世代代"的意思。《尚书·梓材》："欲至于万年惟王，子子孙孙永保民。""摇摆"指向相反的方向来回地移动或变动，而"摇摇摆摆"则可以指：①行走不稳；②坦然自得；③形容主意不定。"风雨"指风和雨，比喻艰难困苦，而"风风雨雨"则指：①比喻层见迭出的艰难困苦；②指议论纷纷，风言风语；③比喻情绪忽高忽低。这些表明，AABB 已被社会事实上当作了具有凝固定型结构的词汇单位，否则不会产生出另一种引申意义。要知道，社会一般不可能给一个尚是临时性的组合增加一个新的义项。反过来看，假设 AABB 还只是 AB 语法上的重叠，是一种变体形式，那么 AABB 只能因应于 AB 的各意义并应是后者意义的基本保持，而不应也不会出现什么新的引申义。引申义的出现增加了 AABB 与 AB 之间相互区别的内容，进一步扩大了彼此区别的程度。将它们处理成各不相同的词汇单位较为允当，也符合社会的语感。①

h.

叮当——叮叮当当　　　　劈啪——劈劈啪啪
哔卟——哔哔卟卟

单音节拟声词 A 的重现形式如"汩汩"、"嚓嚓嚓"等有表示反复的意义，并以此与单音节拟声词 A 相区分，然而这种差别只是建立在彼此根本词汇意义一致的基础之上，属语法意义的不同。所以，AA 式、AAA 式等都是单音节拟声词 A 的不同词汇变体。同理，上述 h 类的"叮叮当当"等也都是"叮当"等各自原式的不同词汇变体。略

① 《中国成语大辞典》(上海辞书出版社，1987)、《汉语成语词典》等都已将它们列为条目。

呈差异的，只不过 AB 的重叠形式因重叠或 A 或 B 进而表示或 A 或 B 的意义反复罢了。①

i. 原本——原原本本②

这一类中，AB 与 AABB 之间缺乏现实的各种意义——语法上的和词汇上的联系。"原本"意指"原来，本来"；或者意指：①底本，原稿；②初刻本；③翻译所根据的原书。而"原原本本"则指事物的全过程或全部情况。"原原本本"与哪一个"原本"或与"原本"的哪一个意义之间的差别都十分悬殊，无法让人由此义联想到彼义。这样，社会已完全失去了把 AB 与 AABB 混合在一起的条件，不可能将它们混同在一起。AABB 与 AB 分属两个不同的词汇单位当在情理之中。

把握并区别开词汇的单位和非词汇的单位，这固然十分重要。不过，仅只是做到这一点还不够，还须进一步弄清楚：成为了词汇单位的 AABB 是否又都能全部地成为固定语。

AABB 不论以何种方式产生，其自身的性质只能由构成它的具体成分的性质来决定。原式 AB 的有无不能作为 AABB 是词还是成语的鉴别依据。因之于 AB 的 ABBB，由于 AB 本身是双音节词，重叠 AB 后的 AABB 很可能会成为比词大的单位，但并不一定就是如此；没有原式 AB 的 AABB 也未必都是词。AABB 的具体性质与产生方式之间不存在内在的关联。

总的来看，AABB 可以依据构成成分具体性质的不同分出互有差别的这么几类：

---

① 有关论述可参见拙文《论象声词单位的确定》(《汉语言文化研究》第 4 辑，天津人民出版社，1994)。

② 类似的例子还可以举"口声——口口声声"、"形色——形形色色"等。考虑到"口声"、"形色"等已不再被人们使用，所以这儿没有列举。

顺便指出，刘洁修先生根据"两者的意思截然不同"的情况而不认为"原本"是"原原本本"的产生原式（见《成语》，商务印书馆，1985 年版，第 11 页）。我认为，虽然 AB 与 AABB 之间缺乏意义上的有机联系，但至少有一点确信不疑，AA 为何独独选中 BB 并能与之组成 AABB 这一格式，肯定受到了双音节词 AB 中 A 和 B 能够形成组合这一事实的影响。可以说，AABB 是受 AB 的启发最终形成的。如果从这一角度看，把 AB 当成 AABB 的一种产生原式，不能说没有丝毫道理。

j.

<u>婆婆妈妈</u>	<u>燕燕莺莺</u>
<u>赫赫炎炎</u>	<u>袅袅婷婷</u>
纷纷扬扬	悠悠忽忽
洋洋洒洒	纷纷扰扰

k.

熙熙<u>攘攘</u>	郁郁葱葱
<u>悠悠</u>荡荡	陶陶兀兀
沸沸<u>扬扬</u>	堂堂正正

l.

疙疙瘩瘩

m.

断断续续	偷偷摸摸
磕磕绊绊	鱼鱼雅雅
风风火火	卿卿我我
三三两两	大大落落
朝朝暮暮	密密麻麻
林林总总	期期艾艾

n.

<u>浑浑噩噩</u>	懵懵<u>懂懂</u>
<u>急急</u>巴巴	踽踽凉凉
<u>战战</u>兢兢	<u>轰轰</u>烈烈
<u>影影</u>绰绰	大大<u>咧咧</u>
兀兀<u>秃秃</u>	

　　j 类的 AABB，结构上所能分出的前后部分恰巧都是现成的"词"[①]，是现代汉语词汇中的成员。它们在性质上归入固定语应无可争议。k 类中，只是组成成分之一或 AA 或 BB 能独立运用，成为现实的一个

[①] 为避免争论，是不是现成的"词"，暂且都以《现代汉语词典》（第 5 版）有没有收录为标准。

词（见划线部分），而与之组合的另一部分却不是词。尽管这样，但由于与之搭配的部分是词，因而与其在同一平面上形成组合的部分也只能认为具有"词"的性质。就是说，这些 AABB 不妨也可以看作固定语。

1 组与 m 组有相似性，构成的 AA、BB 不是词汇中现实存在的成员。1 类中，由 AABB 拆成的 AA 或 BB 都已不再成为词，更不是比词大的词的组合体，而只是"构词成分"①，AABB 因此不可能分别地是词 A 或 B 的重用；而且，AA、BB 之间不存在语音停顿。据此，将它们当成词汇中的词较为妥帖。m 组中，形成 AABB 的有动词，如"断断续续"等；有名词，如"风风火火"等；有代词，如"卿卿我我"等。名词、代词在现代汉语中一般不能形成 AA 的格式。单音节动词虽说可以有 AA 式，但此处的单音节动词 AA 式如"断断"等，一来不合单音节动词重叠式通常所表示的"短暂"或"尝试"的语法意义，二来形式上又不具有单音节动词重叠后所表现出来的轻声形式。它们不是某个词的语法重叠。实际上，该类中的 AABB 都是词 A、B 先分别重用而再彼此联结起来的组合，它们属于固定语。

n 组介乎 1 组与 m 组之间。分开来看，AA（即划线部分）都是词的重用，BB 则既不是整体上的一个词又不是某个词的重用，它们只是构词的成分。由于彼此间的性质相差太大，以其中的 AA 迁就于 BB 而认为 AABB 是词，或者以 BB 迁就于 AA 而认为 AABB 是固定语，都有点勉强。它们看来是一些特殊的混合组，性质上介乎词与固定语中间，把它们当作固定语或看成词未必就一定不可以。

1.4.2.5　固定语与固定用法

随着对语言现象观察的深入，一些时常习焉不察的语言事实也被研究者当作词汇单位提了出来，比如：

可不是	为的是	眼见得	尤其是	大不了	首先是	特别是
了不得	可说哪	想当年	什么的	也　好	要不然	也　罢

---

① 刘叔新:《汉语描写词汇学》，商务印书馆，1990 年版，第 53 页。

就是了（郎峻章，1963）

对了　看你　得了　少见　又来了　我说呢　够个儿　没的说
说不过去　谁跟谁　说得好听　话是这么说　拾不起个儿（来）
脸往哪儿放　不是（个）地方　不是（个）时候　都什么时候了
（张风格，2005）①

对于它们，郎峻章（1963）统称之为惯用语，认为是固定词组，隶属
于熟语。② 张风格（2005）称之为口语习用语，虽然也认同它们属于
熟语，但指出，"它是特定语境条件下使用的一种定型的语句"，"而不
是一般性的固定词组"，因为"它们的结构都是整体应用的，构成成分
之间也总是相互伴随的，所表达的意义也不是其构成成分意义的相加，
而多是约定俗成的"，"因此可以说，口语习用语隶属熟语门下，与
成语、俗语、歇后语和惯用语等一样都是熟语的属类"。作者进一步分
析指出，同上述熟语的类别相比，口语习用语主要有这样几个特点：
第一，它是特定语境条件下使用的一种定型的语句，这种语句对语境
有很强的依赖性。倘若脱离了这种特定的语境，它就会失去作为口语
习用语的职能，即使某一结构看起来跟某个口语习用语是同形的，但
实际上它是为了表达某个意思按照一定的语法关系临时组合而成的，
一旦这种表达结束了，这个临时搭配而成的结构也就散开了。第二，
从音节数目上看，它有双音节的，也有三音节及以上的。总之，它看
起来参差不齐，长短各异，没有相对整齐的音节规律。第三，它用字
普通而平实，很少有比喻性字眼，因而整个形式都没有凸显性，以致
人们使用了它还往往浑然不知。第四，它看起来往往是不符合语法和
逻辑的，但在实际的使用中却被认为是正确的。因为它的结构形式多
是压缩而成的，而且在压缩和凝固的过程中，很少有原封不动地将形

---

① 由刘德联、刘晓雨编著的《汉语口语常用句式例解》（北京大学出版社，2005）中收录
了不少类似的例子，比如："别提了"、"罢了"、"不好说"、"不怎么样"、"回头见"等。

② 郎峻章先生所面对的语言现象除了这些，还包括有"果不其然"、"冷不防"、"好意思"
等。我们这儿只是将其中与张风格先生所观察语言事实类似的部分罗列了一些出来。

式保存下来的，更多的是做了"变形手术"，因此，多数的结构形式就不那么合理了。第五，它的语义是特定的、约定俗成的，所表达的往往是说话人对人和事的一种态度和评价。第六，它主要用于日常生活中的非正式场合，特别是用在亲人、朋友和熟人之间，并多作为内心世界的交流和沟通之用。第七，口语习用语在使用中可有多种功能。

不得不承认的是，学者们观察到的这些现象的确存在着一定程度的固定性质。如果仅从这一角度来考虑，把它们纳入熟语范畴未尝不可。只是，所谓的口语习用语与熟语中其他类别之间的差别很大——这种差异恐怕不仅仅是"量"上的，更主要的还是"质"——意义上的。张风格（2005）在谈到彼此意义之间的不同时认为，口语习用语的语义是特定的、约定俗成的，所表达的往往是说话人对人和事的一种态度和评价。如"不是（个）地方"这个口语习用语，表示说话人嗔怪某人或某物所处的位置刚好不合适，如："你站的真不是个地方，正好挡住了我的视线。"再如"拾不起个儿（来）"，表达的是说话人认为某人的能力太差。从语义的类型上看，它所表达的语义并非都是话语交流的主要信息，也有辅助性信息。如"没的说"表达的是话语交流的主要信息，而"对了"则表达的是话语交流的辅助性信息。比如 A 说："拜托了，你多费心吧。"B 说："没的说，没的说。"B 的话显然是话语交流的主要信息，即表明了 B 为满足 A 提出的要求所持的一种态度；而在"对了，今天你不是有课吗？怎么还不走"这句话中"对了"是引起对方注意的提示性话语，属于辅助性信息，"怎么还不走"则是话语交流的主要信息所在。

其实，口语习用语表达的意义性质上或是语法的或是语用的，而这与熟语根本不同，后者通常是词汇学领域内的一个术语，表达的应都是词汇的意义。把"口语习用语"归于熟语范围之内，似欠妥当。

这类现象可不必非套用词汇学的术语"惯用语"、"习用语"什么的——无妨称它们为固定用法。①

---

① 语言中的固定用法很值得研究，只是，这种研究不必非要与词汇中的固定语掺和在一起。

1.4.2.6　关于缩略语

对于经缩合、节略产生的缩略单位的性质认定，学界始终未形成较为一致的意见。林汉达（1955）明确指出"略语不是词"。对此，吕叔湘（1955）分析指出："一般人不愿意承认略语的词的资格，无非意识到它在语源上是一个词组。但是从语源的角度看，好些词原来都是词组，都可以说是一种'略语'。'语言'和'文字'可以概括成'语文'，'文学'和'艺术'可以概括成'文艺'，如果承认'语文'和'文艺'是词，为什么不能承认'理化'和'工农'是词呢？如果由'江宁'和'苏州'的第一字构成的'江苏'，由'安庆'和'徽州'的第一字构成的'安徽'都取得了词的资格，为什么'津浦'不能取得词的资格呢？有人会说：'一个词代表一个概念。"语文"，"文艺"，"江苏"，"安徽"，都代表单一的概念，自然是词。"工农"，"理化"，"津浦"并不代表单一的概念，怎么能算是词呢？'要知道用单一的概念和非单一的概念来判别词和非词是很困难的。不是很有些人说'中华人民共和国'不是三个词而是一个词吗？分析语言的结构是不能从概念出发的。这当然不是说单一概念和非单一概念的分别没有参考价值。我们说'工农'，'理化'，'津浦'等等是词，同时承认它们是特殊类型的复合词。在分析汉语的结构的时候，把这一类'略语'当作词的一个特殊类型，比把它当作短语的一个特殊类型，在理论上更说得过去。短语的特征是它的成分是两个（或更多）独立的词，而'略语'，正是由于它经过了一番简略，它的成分不能独立了，这就更符合于词的特征了。"①他后来又进一步指出："一般称为'简称'的那种组合，其地位也是介乎词和短语之间。从意义方面看，简称代表全称，是短语性质，可是从形式方面看，简称不同于全称，更像一个词"②，简称"可以视为特殊的短语词"③。郭良夫（1982）另有观点，主张将缩略单位的性质分为词和固定语两类，指出："简称，有人说它是一种

---

① 见吕叔湘先生发表在《中国语文》1955 年 8 月号上的论述。
② 《汉语语法分析问题》，商务印书馆，1979 版，第 26 页。
③ 同上，第 31 页。

特殊类型的词，这并不错，它确实具有复合词的性质。又有人说它是一种特殊类型的词组，这也并不错，它确实也具有词组的性质。其实，这两种性质，它兼而有之。我以为这样的认识才是全面的，才比较完全地反映了语言实际。"[1]

在缩略单位性质的认定上，学者们观点分歧较大。这也难怪，因为只有这类现象的情况最为特殊，其性质的判断不只需要看到缩略单位本身，除此，还多多少少会受到它们所从出原形式的影响与干扰。

不管缩略单位性质认定的最终结果怎么样，但是有一点理论上须要明确，那就是，缩略单位性质的判定，必须以缩略单位本身作为考察的对象。虽然，缩略单位总是同所从出的原形式保持着某种关联，但不能因为这种联系的存在而用"彼"代替"此"。只有这样，缩略语性质的认定也才有讨论的共同基础。

据观察，缩略单位的性质其实并不单一，缩略后有些成了语素，像"京（北京）"、"津（天津）"等；有些连语素都不是，只是些音节，像"的（的士）"、"俄（俄罗斯）"等。除却这两类较为单纯并且性质十分明显的部分之外，大家争论的焦点主要集中在像"文教（文化教育）"、"语文（语言文学）"、"长话（长途电话）"、"公关（公共关系）"、"幼教（幼儿教育）"、"少儿（少年儿童）"、"青工（青年工人）"、"记协（记者协会）"、"科研（科学研究）"、"教研（教学研究）"等这部分缩略单位当中。

任何对它们的性质作一刀切式判断的指望实际上都不现实。较为务实的办法就是，从缩略单位的实际出发，对存在差异性的不同类别，从性质上应作出不同的认定。下面是具体的分析：

A类[2]

语文（语言文学）	科技（科学技术）	初中（初级中学）
高中（高级中学）	方志（地方志）	干警（干部警察）
发票（发货票）	空调（空气调节器）	武警（武装警察）

① 见《论缩略》，（《中国语文》，1982，2）。
② 不考虑所选择材料在使用范围上的大小，而只以缩略单位是否被社会接受为依据。

彩电（彩色电视机）调研（调查研究）　　地铁（地下铁道）

电扇（电风扇）　　代数（代数学）　　川菜（四川菜）

彩照（彩色照片）　　化肥（化学肥料）　　化纤（化学纤维）

火车（火轮车）

B类

德甲（德国足球甲级联赛）　　意甲（意大利足球甲级联赛）

西甲（西班牙足球甲级联赛）　　法甲（法国足球甲级联赛）

英超（英国足球超级联赛）　　大一（大学本科一年级）

大二（大学本科二年级）　　大三（大学本科三年级）

大四（大学本科四年级）　　初一（初中①一年级）

初二（初中二年级）　　初三（初中三年级）

高一（高中一年级）　　高二（高中二年级）

高三（高中三年级）　　十一（十月一日）

考研（考研究生）　　考博（考博士生）

男单（男子单打）　　女双（女子双打）

C类

中专（中等专业学校）　交警（交通警察）　文教（文化教育）

彩扩（彩色扩印）　　帮教（帮助教育）　　化疗（化学治疗）

环卫（环境卫生）　　环保（环境保护）　　基建（基本建设）

技改（技术改造）　　纪检（纪律检查）　　甲肝（甲型病毒性肝炎）

教参（教学参考）　　科普（科学普及）　　劳改（劳动改造）

劳教（劳动教养）　　北大（北京大学）　　南大（南京大学）

A类各单位一般具有以下一些主要特征：

（1）正常语速下，缩略单位的内部不能有任何形式的停顿，内部成分的连接相当紧凑。

（2）存在于它们中的重音不是落在最后一个音节上，就是落在首

---

① “初中”和下面的“高中”虽然分别是“初级中学”、“高级中学”的缩略形式，但此处却是用如“词”，以词组构造成分的身份出现的。

音节上，尤以落在最后一个音节上为常见，比如"高中"、"彩电"、"发票"、"电扇"等，它们的重音模式都是"前轻后重"。

（3）所在单位的意义全是词汇性的，都不能凭借字面意义的简单相加而获得，也无须依凭对应着原式的帮助来实现自身意义的真正掌握，"火车"显然不是指"有火的车"，"彩电"更不是指"彩色的电"。

而 A 类单位所表现出来的这些特征，同作为一个"词"所应具备的特征十分吻合：词的内部不允许有停顿，词义上是单纯的①；词内重音多落在最后一个音节上②。因此，它们都应归于汉语中词的范围，都是词，并且都已经事实上同一般复合词无任何区别。

顺便指出，复合式缩略词转变成一般复合词，虽总是伴随着同缩略词相对应原式的消失——已经不再为社会提起或联想起，但还不能断定这种消失就是复合式缩略词转变成一般复合词的标志。要论标志，那只能是缩略词表现出来音义上特殊性的彻底消失，同时具备了词在音义上的典型特征（详上），舍此别无其他。因为只有这样，横亘在缩略词和一般复合词之间的差异才会得到消除，从而使彼此走到一起。在这一问题上，有人将缩略词语是否具有独立的语法形式和是否能够成为其他词汇单位的组成材料当成转变成一般复合词的标志③，这明显有可商量之处。一个纯然是缩略的单位，比如"科研"、"世行"等，并不一定就不可能拥有自身独立的语法形式，恰恰相反，社会语感上是将它们当作名词④对待的，而且它们同样可以用于构造词语，组成

---

① 词的确定以及词自身的有关特点，请参看刘叔新先生《汉语描写词汇学》（商务印书馆，1990）一书中的相关章节。

② 有关论析可参阅徐世荣先生发表在《语言教学与研究》1982 年第 2 期上的《双音节词的音量分析》一文。

③ 武占坤先生和王勤先生在论及缩略词语在语言词汇体系中与一般的词经常保持的关系时有过这样的一段话："简称正处于向词转化的过渡时期，词的属性体现得尚不充分，但从它与词结合构成词组方面看，已取得了词的资格。属于这种情况的简称不少。例如，'脱产'（脱产干部）、'劳模'（劳模会）、'财经'（财经委员）、'科研'（科研经费）、'政委'（政委办公室）等等。"见《现代汉语词汇概要》，内蒙古人民出版社，1983 年版，第 336 页。

④ 英语中词的语法形式可以借助形态变化表现出来，比如，分别从 cabriolet 和 bicycle 缩合而来的 cab 和 cycle，现在可以有复数形式：cabs、cycles。汉语缺乏形态变化，是否具有独立的语法形式还得看它们都能同哪些单位相组合。

诸如"科研经费"、"科研小组"、"科研计划"、"世行贷款"、"世行基金"、"世行总干事"等，能因此认为它们已成为一般的复合词了吗？恐怕不能这么说。是否具有独立的语法形式和是否能用于构造词语，这些说到底是关于它们使用的问题，与是否已转化成一般复合词并无内在的因果关联。

B 类缩略单位表现出的诸特征与 A 类有些区别：

（1）缩略单位内部存在瞬时的停顿，或至少，它们内部成分的连接不十分紧凑。"德甲"实际上读成"德-甲"，"大二"、"十一"同样都读做"大-二"、"十-一"。音读上的这种特性通过比较而能看得更加清楚：

$$\left\{\begin{array}{l} 大衣\ dàyī \\ 大一\ dà\text{-}yī \end{array}\right. \qquad \left\{\begin{array}{l} 大肆\ dàsì \\ 大四\ dà\text{-}sì \end{array}\right.$$

"大衣"与"大一"、"大肆"与"大四"彼此语音虽相同，但音读模式却明显不同。"大"与"衣"、"大"与"肆"前后连读，当中没有任何的停顿，而"大"在与"一"或"四"连读过程中往往表现出一定程度的间歇。这也正是它们相互得以区分的一个重要方面。

（2）这类缩略单位中的重音均衡地落在了当中的各个成分上，呈现出"重-重"模式。"意甲"中的"意"和"甲"须分别重读才是，"考研"、"考博"等亦然。"初一"、"初二"、"初三"等既能表示正月里按顺序排列的前三天，又能分别表示"初中一年级"、"初中二年级"和"初中三年级"。表面上，它们用于指称不同意义时没有表现出其他方面的什么差别，可究其实质便不难发现，意义指称变化的过程中伴随有重音模式上的调整。表示正月头三天的排序意义时，"初一"、"初二"和"初三"表现出"轻-重"的模式，而表达年级意义时，它们则一律读成"重-重"模式。

（3）意义上不具有单纯性，一般也不能从字面推导出来——需要结合着所代表的原形式才能弄清楚各自所表达的意义。"考博"、"大一"、"法甲"等无不如此。

　　B 类的上述特性表明，它们与汉语的"词"相距较大，与"语"的性质更为接近，因此可以把它们看作具有某种固定性质的词组。

　　C 类的情况介乎 A 类和 B 类中间。缩略单位内部成分之间，音读上可以有稍许的停顿，也可以不停顿地直接连读。就"基建"等来说，"基建"和"基-建"两读均可。意义上与 B 类相似，须借助原形式才能加以掌握。

　　如果说，A 类是典型的"词"、B 类是典型的"语"的话，那么，C 类就是不典型的"词"或者不典型的"语"。考虑到它们正处在向词转化的过程中，从发展的角度来看，倒不妨将它们归入"词"的范围，是"准词"。①

---

　　① 刘叔新先生在对"词"的单位进行确定的过程中，首次提出并分析过"准词"。有关内容请参阅其所著《汉语描写词汇学》（商务印书馆，1990）中的相关章节。

§2 固定语的类别

　　成为固定语的单位只是凭着词与词之间固定组合这一共同特质而形成为一个类聚，内中的情形因此而不可能十分单一。除了表达普通概念的那些，诸如"戴高帽"、"快人快语"、"左顾右盼"、"过街老鼠"等之外，它也包含像"宏观语言学"、"区别性特征"、"中华人民共和国"、"故宫博物院"等表达特殊概念的专门语和专名语。

　　专门语和专名语，其主要作用在于指称，意义专一，社会对它们的理解相对容易。因此，固定语的有关分析将不涵盖这部分内容。

　　谈到固定语的类别，人们印象较深的无非成语、惯用语、歇后语等——这似乎成为了固定语类别划分的一种定式，好像舍此而别无他类。实际上，类别与角度紧密相关。角度不同，得出的类别就会不同。就固定语而言，人们可以从多种不同的角度来对它进行分门别类。

2.1　固定语的音节类别划分

　　着眼于固定语的音节表现而可以从这一角度对它进行分类。根据观察，固定语在音节上通常表现为这么几类：二音节语、三音节语、四音节语和长音节语。

2.1.1　二音节语

对于二音节而成"语"的情况，社会总是或小心翼翼或羞羞答答，唯恐被人称为犯了常识性的错误。这种顾虑也不是完全没有道理。一来，社会心理中，双音节似乎成了"词"的专利；二来，自从固定语（固定词组）的问题受到关注以来，人们几乎没有触及过所谓的两个音节的"语"的情形。[①] 不过，从语言事实出发并对这种事实进行适切的分析，这更应该是我们所应具有的态度，对由此而形成的结论也就没有理由不加尊重。[②]

二音节语大多集中在缩略语中，比如，"硕研（硕士研究生）"、"课纲（课程大纲）"、"大一（大学生一年级）"、"编导（编剧导演）"、"帮教（帮助教育）"、"长四（长征四号运载火箭）"等。传统上被看成离合"词"的一部分单位，像"看书"、"看病"、"上课"等，也是这当中的成员。除此，有些专名在具有了通用性的意义之后同样可被看作二音节语，比如"雷锋"、"岳飞"、"秦桧"、"武松"、"包拯"等。

二音节语中，很难见到有古汉语充作它们的构成成分的。这一点有别于不少的四音节语。后者像"亡羊补牢"中的"亡"、"牢"，"走马观花"中的"走"、"观"等都是如此。这也好理解。一旦当中的某一个成分由古汉语的部分来充当，这多半意味着，它单独使用上的可能性就会微乎其微，整个单位成为"语"一般就不太可能。——它们会被"词"拉拢过去而成为"词"中的一员。

结构上，二音节语表现出来的特征至为分明。一类，原先被当作离合词的部分，像"看书"、"写字"、"说话"、"喝酒"等，结构较为松散，当中允许插入一些成分。另一类则与之刚好相反，像"高一（高

---

① 刘叔新先生曾举"一行"为例对此作了简单的说明。见其所著《词汇学和词典学问题研究》（天津人民出版社，1984）。

② 刘洁修先生认为成语包括"二字"的情形。有关内容详其所著《成语》（商务印书馆，1985）。温端政先生也提出了"二字语"。见其所著《汉语语汇学》（商务印书馆，2005）。

中一年级）"、"初三（初中三年级）"等，由于缩合、节略后的单位意义上须与对应着的原形式等值，使得这些缩略单位结构上受到很大限制，不能脱离开原形式而擅自变动。

另外，二音节语意义表达上的特点十分突出——大都完全直白，一般并不存在比喻性的或引申性的意义。可以想象，如果它们具有了比喻性的或引申性的意义，这无疑等于表明，所在单位意义表达上是整体性的，而这恰恰是"词"所具有的重要特征之一。——它们会被纳入"词"的范围中去。这其中，"雷锋"、"岳飞"等是例外，其普通意义是在专名"语"的基础上形成的。

2.1.2　三音节语

三音节语，这不仅包括被通常提及的像"戴高帽"、"抱粗腿"、"唱高调"、"吃大户"等，而且也包括一部分缩略语，像"餐茶具（餐具、茶具）"、"中高档（中档、高档）"、"初中等（初等、中等）"、"脏乱差"等和由专名泛化而来的部分，像"陈世美"、"林黛玉"、"西门庆"、"诸葛亮"、"孙悟空"等。

三音节语从音节组合的角度又可以区分为以下三小类：

A，音节组合格局为 1+2 式，比如，"开-后门"、"闯-关东"、"穿-小鞋"、"走-老路"、"残-次品（残品、次品）"、"串-并联（串联、并联）"、"出-入境（出境、入境）"、"出-入口（出口、入口）"等。

B，音节组合格局为 1+1+1 式，比如，"长-二-捆（长征二号捆绑式运载火箭）"、"长-防-林（长江中上游防护林体系）"、"封-资-修（封建主义、资本主义、修正主义）"、"港-澳-台（香港、澳门、台湾）"、"公-检-法（公安局、检察院、法院）"等。

C，音节组合格局为 2+1 式，比如，"扶贫-办（扶贫办公室）"、"城管-办（城市管理办公室）"、"公医-办（公费医疗管理办公室）"等。

意义表达方面，它们总体上能区分成泾渭分明的两类：一类，基于缩略基础之上的三音节语，它们的意义全都十分直白——是各自原形式相应成分的代表，不会形成整体性的一个意义；另一类，意义表达倾向于比喻性，表现出整体性的特征。"开后门"、"穿小鞋"、"诸葛亮"等就都属于该类情况。

2.1.3 四音节语

四音节语汉语中十分常见，比如，"打抱不平"、"开门见山"、"唱对台戏"、"愚公移山"、"一言为定"、"不见不散"、"左思右想"、"小打小闹"等。

就音节内部组合的格局来看，四音节语大略能区分出如下的几种不同情形：

A，音节组合格局为 2+2 式，比如，"龙飞-凤舞"、"长歌-当哭"、"走马-观花"、"悲天-悯人"、"得意-忘形"、"行尸-走肉"、"看菜-吃饭"、"自相-残杀"等。

B，音节组合格局为 3+1 式，比如，"一衣带-水"、"客随主-便"、"不以为-然"等。

C，音节组合格局为 1+3 式，比如，"打-落水狗"、"说-风凉话"、"爱-莫能助"、"唱-对台戏"、"捅-马蜂窝"、"打-抱不平"、"深-不可测"、"惨-不忍睹"、"信-以为真"等。

D，音节组合格局为 1+1+1+1 式，比如，"牛-鬼-蛇-神"、"魑-魅-魍-魉"、"跑-冒-滴-漏"、"老-弱-病-残"、"鳏-寡-孤-独"、"关-停-并-转（关闭、停产、合并、转产）"、"比-学-赶-帮（比先进、学先进、赶先进、帮后进）"等。

E，音节组合格局为 2+1+1 式，比如，"井底-之-蛙"、"乘人-之-危"、"是非-之-地"、"平心-而-论"、"空手-而-归"等。

F，音节组合格局为 1+1+2 式，比如，"口-吐-白沫"、"面-有-菜色"、"人-之-常情"、"口-无-遮拦"等。

需要指出的是，四音节语与所谓的"四字格"并不相同。后者纯粹着眼于语言单位的音节形式，其所包括的内容，除了"语"的部分之外，还应该包含有其他类性质的单位。

四音节语占去了固定语中的大多数。这主要与汉民族喜欢偶数有关，除此，也与我国最早的诗歌总集《诗经》是四言诗有一定的关系。

现当代产生出来的固定语往往也以四音节形式出现，比如"国计民生"、"非常男女"、"黄金时间"、"以人为本"、"上北下南"、"热胀冷缩"等，这除了受传统文化的影响之外，还与现代汉语词的双音节化倾向密切相关——词自身的双音节特性为固定语四音节形式的形成提供了极为便利的条件，从而加速了四音节语在新时期的不断涌现。

为了追求四音节形式，社会还会通过添字或压缩的方式来向它靠拢。前一种方式，主要是在固定语中添加一些衬字，比如"之"、"而"、等，如"井底之蛙"、"七步之才"、"不劳而获"、"不期而遇"等。后一种方式就是调减过多的音节数，比如，"见仁见智"来源于对"仁者见仁，智者见智"的压缩，"过街老鼠"是对"老鼠过街——人人喊打"的调减，"成王败寇"则源自"成者为王，败者为寇"，等等。

2.1.4　长音节语

五音节及以上的固定语是长音节语，像"卖狗皮膏药"、"恨铁不成钢"、"赔了夫人又折兵"、"八字没一撇"、"树倒猢狲散"、"冒天下之大不韪"、"四两棉花——弹（谈）不起来"、"半边铃铛——响（想）不起来"等。

长音节语中，除了歇后语外，其他形式的较为少见，这主要因为，音节长度达到五个或以上时，就比较容易形成逻辑上的判断，而表达判断的语言单位就不再是固定语——它们成了句子。

2.2　固定语的内部结构类别划分

着眼于内部结构而能将固定语区分成"板式固定语"、"离合式固定语"、"离式固定语"、"准固定语"与"类固定语"等不同类型。

2.2.1 板式固定语

汉语中有一部分固定语，比如"出神入化"、"纸上谈兵"、"南柯一梦"、"掩耳盗铃"、"精卫填海"、"画龙点睛"、"杞人忧天"、"汗马功劳"等，其结构十分凝固，既不能往它们中间插入成分，也不可以任意调整它们构成成分的前后顺序，更不允许随意去替换当中的构成成分。类似这样的固定语，结构上呈现为整体的一板块，是板式固定语。板式固定语是社会语感上最为典型的一类。社会对它们的认识也因此多半不会存在什么争议。

有些固定语，结构上可以插入十分有限的一些虚词成分，比如，"虾兵蟹将"的中间可以添加"和"而成为"虾兵（和）蟹将"，在"满城风雨"当中可以插入"的"而成为"满城（的）风雨"，在"寄人篱下"当中可以添加"于"而成为"寄人（于）篱下"，在"心血来潮"中间加入"又"而成为"心血（又）来潮"，在"开门见山"中间加入"就"而成为"开门（就）见山"，等等。它们同样也可以归于板式固定语。

以下几种情形中，板式固定语较为多见些。

意合结构的固定语，比如"杯水车薪"、"一发千钧"、"咫尺天涯"、"草菅人命"、"盲人瞎马"等，由于互为意合的两个部分（或几个部分）之间的联系，往往是意义上的而非逻辑上的，因而，社会很难在它们中间插入各种可能的成分，或者，将它们中的任一部分作出替换。

固定语组成成分的书面性质很强或者就是文言的成分，那么，它们结构上被其他成分插入而受到影响的可能性一般很小，比如"之乎者也"、"呜呼哀哉"、"魑魅魍魉"、"走马观花"、"刻舟求剑"、"顾影自怜"、"缘木求鱼"、"不期而遇"、"总而言之"、"持之以恒"、"来之不易"、"置之度外"、"出其不意"、"学而不厌"等。另外，固定语中保留下来的文言用法也容易使它们结构上表现出很强的整体性特征，像数词可以直接地用在动词、名词等前面的"七上八下"、"一言为定"、"千言万语"、"千军万马"、"千人一面"、"百花齐放"、"九死一生"、

"五光十色"、"三心二意"等即是这样。

表达典故尤其是事典的固定语，因为是对事典的概括指称，所以结构上也多半不容易被任意地拆分。比如，针对曹丕命曹植七步作诗的典故而概括产生的固定语，像"七步成章"、"七步之才"、"煮豆燃萁"、"豆萁相煎"、"萁燃豆泣"、"相煎何急"、"同根之煎"等，就都是这种情形。

由双音节词直接组合或者交叉组合的固定语，前者像"家庭妇女"、"问题青年"、"心肝宝贝"、"行家里手"、"顶头上司"、"精神文明"、"江湖郎中"、"黑心商品"等，后者像"甜言蜜语"、"真情实感"、"精打细算"、"精耕细作"、"欢天喜地"等，大都是板式类的固定语。

此外，拆解汉字字形或以汉字字形为基础形成的固定语也都属于这一类，比如"三人成众"、"止戈为武"、"人言为信"、"八字没一撇"、"十字路口"等。

板式固定语意义表达上并不见得铁板一块，有着不同的情况。试比较：

A 类

愚公移山	负荆请罪	图穷匕现	排山倒海	车水马龙
一五一十	应接不暇	春风化雨	拾人牙慧	七步之才
遍地开花	九牛一毛	米珠薪桂	井底之蛙	木人石心

B 类

总而言之	风和日丽	半信半疑	半推半就	无影无踪
无依无靠	双重领导	一国两制	蓝领工人	上山下乡
空手而归	平起平坐	游手好闲	炎黄子孙	逆来顺受
披麻戴孝				

A 类的意义是整体性的，而 B 类的意义可以通过字面的组合而获得。显然，板式固定语只与其结构相关联，而与它的意义表达之间不存在对应的关系。这是两个不同角度观察的结果，意义不具有整体性并不意味着其结构上一定不能成为板式的。

2.2.2　离合式固定语

汉语中，类似下面这样的词组并不少见：

A 类

正中下怀　打抱不平　开绿灯　吉人天相　吃闭门羹

B 类

敲竹杠　走后门　抛砖引玉　捅马蜂窝

结构上，A、B 两类的表现要活泛一些。虽然意义的整体性毋庸置疑，但构成它们的成分不只能"合"在一起使用——这是一种常态，而且还能根据需要"分离"开来使用。这颇有些类似于"结婚"、"散布"、"点头"等离合词。比如：

开绿灯：开了绿灯、开了一次绿灯、开了不止一次绿灯……

走后门：走了后门、走了班长的后门、走了一次又一次的后门……

敲竹杠：敲冠军的竹杠、敲了一顿竹杠、敲了老同学的竹杠……

正中下怀：正中我的下怀、正中对方的下怀、正中了嘲笑你的人的下怀……

其中，A 类仅仅具有"分离"使用的功能；B 类则不然，除能"分离"使用之外，还允许构成成分的顺序前后调换，比如"敲竹杠"，可以说成"你的这一顿竹杠我算敲定了"等。甚至存在个别的，固定语中的成分能被"分离"得七零八落但意义表达仍然基本保持不变。"抛砖引玉"可算是其中的较为典型的例子。除了可以说成"抛砖未必引玉"、"抛砖何必引玉"等之外，还可以说成"抛出我的砖，希望引来大家的玉"、"抛的不仅是砖，引的不仅是玉"等。

这一类可仿照着离合词而称之为离合式固定语。B 类在"离"的程度上要高于 A 类。

离合式固定语的组合结构大都为述宾式。这种述宾，既可以是结构的前后两部分，前一部分是"述"，后一部分是"宾"，这占最主要的部分，比如"开-后门"、"正中-下怀"等；也可以是固定语的前后两部分各由述宾的结构组成，比如"抛砖引玉"中的"抛砖"、"引玉"

等。

离合式固定语的意义常呈现为整体性的比喻意义或类似的引申意义——恐怕正是因为凭着这样的意义，当固定语中的成分在被其他成分隔开来的时候，仍然会觉得当中有一种力量在将分开来的这些成分紧紧地牵连于一起。当然，并不是说不是比喻等整体性意义就一定不行。事实上，也的确有非比喻等整体性意义的情况存在，像"打抱不平"等。只是，形成的比喻等意义会使这种整体性更为突出，让分割开来的成分走向"合"的那种力量更为强大；反之则表明，它们的"离"的程度因为没有外在强力的牵引而显得要更加突出一些，就是"离"要大于"合"，或者说，它们更偏重于"离"。

2.2.3　离式固定语（歇后语）

汉语中的歇后语，像"大炮打蚊子——大材小用"、"打架抓胡子——谦虚"、"小葱拌豆腐——一青（清）二白"等，它们的结构特点十分明显：中间不能插入成分，也不具有类推生成性。不过，前后部分倒是可以拆分开来使用——完全歇去后面的部分，仅凭着谜面来表达意义。从这个意义上讲，它们也未尝不可以被称为离式固定语。照顾到术语使用的习惯，本文中仍将沿用歇后语的说法。

有人可能会不解，它们为什么不是离合式固定语呢？的确，表面上看，它们结构中的两个部分——谜面和谜底，通常都需要共同呈现于社会大众的面前。不过，对于它们的整个意义表达来说，前面的部分于理论上而言是足够了的，后面的谜底只是对前面谜面的更进一步的解释。没有它的存在，整个歇后语的意义表达丝毫不受影响——顶多给听者的理解带来一些麻烦而已。事实上，有些歇后语在使用中就只出现前面的部分。

比如，"竹筒倒豆子——一干二净"在《人民日报》中共出现 3 次[①]，而每一次都只以谜面的形式出现：

[①] 这些数据是我们对人民网中所有《人民日报》（截止到 2008 年 5 月 20 日）检索的结果。下同。

（1）说话也就没有什么顾虑，<u>竹筒倒豆子</u>，一五一十地把心里话都倒
　　了出来。（《人民日报》，2001，05，17）

（2）说起困难，老陈<u>竹筒倒豆子</u>说出来了：贷款难，去年受灾，一时
　　还不了贷，银行的门难进了……（《人民日报》，2004，04，13）

（3）直言者……非言不畅，言必有中，甚或言简意赅，言近旨远，颇
　　有点"一言既出，驷马难追"的<u>竹筒倒豆子</u>精神。（《人民日报》，
　　2004，08，10）

同样的情况也发生在"过河卒子——有进无退"上：

（1）"小巴"其貌不扬，却有<u>过河卒子</u>的神勇，丁丁冬冬放着嘟噜屁，
　　跑得毫不示弱。（《人民日报》，2001，09，14）

（2）他把自己当作一个<u>过河卒子</u>，拼命前进，永不后退。（《人民日
　　报》，2008，02，10）

　　而离合式固定语则不同，当中的所有成分必须共同参与到整个固
定语的表达中来，离开当中的任一成分，固定语的意义表达，定然会
受到某种程度的影响。

　　2.2.3.1　歇后语的内部结构，与其他固定语一样，也存在着差
别。这种差别不外乎透过两个不同的层次表现出来：歇后语的谜面与
谜底的结构状况为第一层次；谜面、谜底自身的结构状况则属于第二
层次。

　　有些歇后语，可以而且允许只出现谜面部分，像上面的"竹筒倒
豆子"、"过河卒子"等就是这样；也有些，谜面和谜底需要同时出现
方能实现相互交际的目的，像"打破砂锅——问到底"、"虎落平阳—
—被犬欺"等前后的结构联系十分紧密。

　　歇后语第一层次上的这种现象是不是彼此结构差异的标志？换
言之，可否通过这样的方式来考察歇后语之间的结构差异状况？目前
看来，还不能走这样的终南捷径。要知道，所有的歇后语理论上而言，

都可以只以谜面的形式出现；况且，歇后语最终能否脱开谜底来使用，很大程度上与社会对它们的熟悉程度等因素有关——同其结构是否固定并不见得有什么关联。

由于产生途径特殊等缘故，歇后语的组成成分并不十分稳定，比如，与"孔夫子搬家——尽是书"十分相似的说法至少有如下这么几种：

（1）孔夫子搬家——尽是书（输）

（2）孔夫子搬家——尽书（输）

（3）孔子搬家——尽是书（输）

（4）孔子搬家——尽书（输）

（5）孔夫子搬家——都是书（输）

能不能根据第二层次上谜面、谜底的上述情形就认定"孔夫子搬家——尽是书"的结构固定性较差？恐怕只能如此。基于此，歇后语结构上可以大致区分出下列不同的类别来。

A 类

八仙过海——各显神通

竹筒倒豆子——一干二净

芝麻开花——节节高

新官上任——三把火

王婆卖瓜——自卖自夸

千里送鹅毛——礼轻情意重

B 类

过河卒子——有进无退

兔子尾巴——长不了

和尚打伞——无法无天

竹篮打水——一场空

聋子耳朵——摆设

C 类

狗咬吕洞宾——不识好人心

　　猴子捞月亮——空忙一场

　　猪八戒照镜子——里外不是人

　　D 类

　　孔夫子搬家——尽是书（输）

　　猫哭耗子——假慈悲

　　老鼠钻风箱——两头受气

所有的 A 类，它们的谜底、谜面部分的结构都十分稳固，所有可能影响到结构稳定的因素对它们都无济于事。B 类的情况稍有不同，谜面部分有少许可活动的空间，比如"过河卒子"可以说成"过河的卒子"、"过了河的卒子"等，"兔子尾巴"可以说成"兔子的尾巴"等，"竹篮打水"可以说成"竹篮子打水"、"竹筐打水"等。C 类与 B 类完全相反，谜底部分的结构较为活络，中间可以添加或替换一些成分："不识好人心"中的"识"可以用"懂"、"知"等来代替；"空忙一场"可以说成"空忙了一场"等；"里外不是人"可以说成"里里外外不是人"、"里里外外都不是人"等。D 类的谜面和谜底都有一定程度的开放空间。"猫哭耗子"中的"耗子"可以被"老鼠"替换；"假慈悲"可以说成"假伤心"、"假同情"等。"老鼠钻风箱"中的"老鼠"可以换成"耗子"等，"两头受气"可以说成"两头都受气"、"头尾受气"等。

　　2.2.3.2　从谜面与谜底之间的衍生关系来看，歇后语主要包括以下不同情况。

　　A 类，谐音。

　　这类歇后语，谜底中至少有一个音节与谜面所表述物象的音节相同、相近或相关，这样一来，一则，使得谜面与谜底之间建立起了明确的联系；二则，谜底可以借着同音或近音而表达出另外一层意义来。譬如：

　　空棺材出葬——木（目）中无人

　　小葱拌豆腐——一青（清）二白

　　隔着窗户吹喇叭——鸣（名）声在外

　　上鞋不用锥子——针（真）行

出太阳下暴雨——假晴（情）

纸糊的琵琶——弹（谈）不得

B 类，解释。

这类歇后语，谜底是对谜面所揭示现象的解释。这其中又包括：

B₁ 类

楚霸王举鼎——力大无穷

千里送鹅毛——礼轻情意重

秀才遇到兵——有理讲不清

大姑娘坐轿——头一回

八级工拜师傅——精益求精

B₂ 类

大路边的电线杆——靠边站

泥菩萨过江——自身难保

弄堂里搬木头——直来直去

菜刀切豆腐——两面光

鸡蛋碰石头——不自量力

虽然都是对谜面的推演与解释，但是 B₁ 类谜底自身所表达的意义就是该歇后语所要传达的真实意思，除此别无它义。"力大无穷"就是指力气很大，"头一回"即表示第一次，等等。但这种情况不同于 B₂ 中的谜底，B₂ 类一方面凭借着自身的字面意义与谜面关联着，另一方面，又借着这一字面意义来传达另一种要表达的真实意义。"靠边站"无疑是对"大路边的电线杆"这一物象描述的解释——电线杆大多立在路的旁边；同时，又借着"靠边站"这一现象来"比喻离开职位或失去权力"。"直来直去"首先是对在狭小的弄堂里搬运木头这一情景的直观描述——木头只能直着过来直着过去；可同时又被借用来指"心地直爽，说话不绕弯子"。

2.2.3.3　歇后语中，谜面虽是引子，只是为谜底意义的表达作铺垫，但它却是最为重要的部分，失去了它，后面的谜底自然也就无从谈起。

谜面的构成，从其所选择语料的来源上看，大致有以下几种情况。

A类，谜面取材于日常生活经验，比如：

冰糖煮黄连——同甘共苦

上鞋不用锥子——针（真）行

唱歌不看曲本——离谱

提着马灯下矿井——步步深入

老太太吃汤圆——囫囵吞

秋后的蚂蚱——蹦达不了几天

这一类歇后语，所取材料来源于人们的生活体验以及对周遭生活的观察，只要稍有生活体验的人，都不难理解通过它们所表达出来的意义。而这恐怕也正是歇后语较为俚俗的重要原因之一，有些则明显粗俗。比如：

被窝里放屁——独吞

粪池里扔炸弹——激起民粪（愤）

屎壳郎搬家——滚蛋

同时，这也十分容易使得歇后语染上浓浓的地方色彩，比如：

火烧猪头——熟面（广东）

猫抓糍粑——脱不了爪爪（重庆）

一斗芝麻掉了一粒——无关紧要（浙江）

下雨天背稻草——越背越重（浙江）

B类，谜面取材于虚构的想象，比如：

飞机上点灯——高明

老虎嘴里拔牙——冒险

猪鼻子里插葱——装象

赶鸭子上架——吃力不讨好

铁公鸡——一毛不拔

这一类歇后语，由于取材于虚构，材料的选择不受任何限制，谜面构成的物象因此显得非常诙谐、有趣。

C类，谜面取材于历史故事、神话传说或寓言等，比如：

曹操吃鸡肋——食之无味，弃之可惜

韩信将兵——多多益善

姜太公钓鱼——愿者上钩

周瑜打黄盖——两厢情愿

程咬金的斧头——就这三下子

这类歇后语中，了解了谜面所引用的历史故事、神话传说或寓言，就很容易由此及彼，谜底的完全理解也就是水到渠成的事了。另外，凭着谜面构成的这种特点而使得它们成为了歇后语中最"斯文"的一部分。

2.2.3.4　长期的使用过程中，有些歇后语成了其他类型固定语的来源。这当中又可以分为两种情形。

A类，直接来源于谜面，比如：

过街老鼠（来源于"老鼠过街——人人喊打"）

铁公鸡（来源于"铁公鸡——一毛不拔"）

王婆卖瓜（来源于"王婆卖瓜——自卖自夸"）

狐狸尾巴（来源于"狐狸尾巴——藏不住"）

飞蛾扑火（来源于"飞蛾扑火——自取灭亡"）

过河卒子（来源于"卒子过河——有进无退"）

B类，直接来源于谜底，比如：

愿者上钩（来源于"姜太公钓鱼——愿者上钩"）

除却上述两类之外，似乎还应该有来源于对所在歇后语改造的一类，但实际的例子并没有发现，所以没有在此列出。

2.2.4　准固定语

表达词汇意义的词组中，一部分成分处于稳定的状态，而与之相组合的另一部分往往较为灵活，能经常地被替换。这样的词组，一方面有着固定语的某种特征，另一方面也表现出结构上一定的松散性。宽泛地看，它们亦是固定语——可称之为准固定语。对此，刘叔新（1984）曾举出"一行"、"大恚"等为例来加以说明，指出，"一"和"大"是无法找到其他可以来替换的成分的。这一类中表现得至为明显的，要算是与固定格式相关的词组了。表达词汇意义的固定格式自身比较稳定，而往它们中间填入的成分倒是可以各式各样。有些原来就是词，分开来后填入固定格式而形成词组，比如，"棱角"、"情义"、"条理"填入"有……有……"这一格式后，分别形成"有棱有角"、"有情有义"、"有条有理"等；也有一些，填入的成分互不相干，是根据表达需要作出的随机选择，比如，把"说"和"笑"、"吃"和"喝"填入"有……有……"后，分别形成"有说有笑"、"有吃有喝"等。前者，由于填入的成分是词，填入后对于整个固定格式来说，是一种结构的加固，从而使它们无可争议地成为汉语中的典型固定语；后者的情况相反，填入的成分由于无助于整个词组结构的进一步凝固，因而，借此形成的词组很难获得"固定语"的社会认同。但是，固定格式的存在又使得它们结构上多多少少带有一点儿固定的因素。综合地看，将它们归入准固定语比较适宜。

还有一种情况与此很类似，汉语中有一些词不能自足，不能单独使用，总是需要与其他成分合在一起使用，比如"满面"，它总得与相关的成分合在一起组成像"满面红光"、"满面春风"等才可以。这样形成的词组，不能说它们完全是自由的，因为"满面"的不自足性而使其与所匹配的成分之间形成某种依赖，从而使得生成的词组存在着一定的固定性，可是所组成的成分又具有某种程度的随机性质，具有一定程度的可替代性。类似这样形成的词组也是准固定语中的成员。"自相"与此类似，它须与"鱼肉"、"矛盾"、"残杀"等组合成"自相矛盾"、"自相鱼肉"、"自相残杀"才行，而这些词组则成了准固定语。这样的例子还可以再举出一部分：

寝食：～不安、～难安

非常：～男女、～时期

不及：措手～、始料～、躲闪～

需要指出，准固定语特别容易与套用固定格式产生的言语性临时组合相混淆。比如，仿"财迷心窍"而产生的"官迷心窍"、"色迷心窍"等，表面上也是借着具有固定性的结构外壳得以产生出来，似乎也有某种固定性——这确然不错，不过，它们还只是言语性的临时组合，算不上准固定语。

2.2.5　类固定语

汉语中，如"科学研究"、"科学技术"、"语言文学"、"责任编辑"、"硕士研究生"、"博士生导师"等这样的词组，结构上有两点最为突出。其一，它们都能拆分开前后两段进行解释，而且这种解释加合在一起就是所在单位的整体意思；其二，都具有较强的生成能力——其中的成分都可以被替换，从而产生出一系列的语言片段来。比如：

博士研究生	博士研究生
硕士 ~	~ 课程
在职 ~	~ 学位
……	~ 经历
	……

科学研究	科学研究
数学 ~	~ 实验
化学 ~	~ 检测
生物 ~	~ 观测
天文 ~	~ 计算
……	……

词组中的组成成分都能被毫无节制地加以替换，这说明，其结构具有相当大的自由度，照一般认识，它们应该是自由词组。可是，要真是这样处理的话总觉得又有所不甘，因为感觉上，它们好像与自由词组之间还有一段不小的距离，存在着某些差异。其实，这类词组中的组成成分，虽然都可以为其他成分所替换，但它们却是经常地关联于一起的，而且，正是因为凭借着这一点，在它们的基础上才产生出相应的缩略语形式，如"科研"、"科技"、"语文"、"责编"、"硕研"、"博导"等。反过来设想一下，如果彼此之间不经常关联于一起的话，那么，又如何可能在它们的基础上产生出缩略的形式呢？可见，将它

们简单地看作自由词组恐怕不是最接近事实的结论。这些单位，一方面，明显地不同于"一言为定"、"沉鱼落雁"等典型的固定语；另一方面，又与"我的手"、"美丽的校园"等典型的自由词组不完全一致。这种情况下，不妨勉强地把它们归入固定语——它们是固定性最不稳定的一类，可以称之为类固定语。[①]

当然，不见得所有的能产生缩略形式的原形式都是类固定语。有很多的原形式，它们都是专名语，是特定对象的指称，像"中国人民解放军"、"长春电影制片厂"、"南开大学"等，其固定性质不言而喻。

2.3 固定语生成方式的类别划分

固定语的产生存在着互为相反的两种途径。一种，根据需要取用语言材料来直接组成，也即，此前并不存在着一个现成的"语"，它们是社会根据表达需要重新创造的结果。这一类可称之为组成式固定语。固定语中的绝大部分都属于这种情况，比如，"人言可畏"、"世风日下"、"盲人瞎马"、"每况愈下"、"小肚鸡肠"、"汗牛充栋"、"归心似箭"、"百发百中"、"隔着窗户吹喇叭——鸣（名）声在外"，等等。

与之相反的另一类则是，在现存语言单位的基础上再加工而成，它们是基础式固定语。缩略语就是其中的典型一类。

借助这两种方式产生的固定语，相对于整个固定语来说，都是其中的新成员。但前者是社会"原创"的结果，而后者则是社会进行"改造"的结果。它们之间的分别还是极分明地存在着的。

2.3.1 组成式固定语

组成式固定语是固定语产生的最主要途径。从具体语料被组合成固定语的途径来看,组成式固定语大概能区分出下面的一些不同情况。

---

① 一般人看来，"类固定语"往往是"准固定语"的又一说。这里，我们试着赋予它以有别于"准固定语"的特定含义。

第一种，撷取关键词组合而成。这一类主要发生在以典故特别是事典为产生基础的固定语身上。从典故尤其是事典到最后成为固定语，其间需要经历一个提炼的过程。这种提炼往往围绕典故中的关键词而展开。① 比如，据《史记·吕不韦列传》记载，战国时，秦相国吕不韦叫门客编写了一部《吕氏春秋》，然后命人把该书"公布于咸阳市内，悬千金其上，延诸侯游士宾客有能增损一字者予千金"。以该故事为基础，选取当中的一些关键词，如标志地名的"咸阳"、"市"，标志主要事物的词"字"、"金"，直接说明主要事物的词"一"、"千"、"悬"等，从而组织成通常见到的"一字千金"、"金悬秦市"、"金悬秦阳"等。同样的情形也出现在来源于古代寓言、神话传说、历史故事等的固定语身上，像"负荆请罪"、"图穷匕现"、"愚公移山"、"女娲补天"、"守株待兔"、"刻舟求剑"、"买椟还珠"、"三顾茅庐"、"后羿射日"、"龟兔赛跑"、"黔驴技穷"等。

第二种，根据表达需要，直接将不同的一些词组合在一起。比如：

A 类

轻重缓急	伯仲叔季	春夏秋冬	喜怒哀乐	悲欢离合
生老病死	兄弟姐妹	吃喝拉撒	油盐酱醋	酸甜苦辣
风花雪月	衣食住行	只字不提	说一不二	聊胜于无
即停即离	多吃多占	死缠烂打	少说多做	成家立业
风尘女子	文人墨客	生辰八字	小道消息	小菜一碟
人之常情	开小灶			

B 类

男欢女爱	妻离子散	单打独斗	通情达理	势单力薄
思前想后	真情实感	甜言蜜语	心甘情愿	谈婚论嫁
生离死别	深情厚谊			

A 类中，固定语都是直接由词组合而成，这种词，既可以全是单音节的，像"喜-怒-哀-乐"、"生-老-病-死"等，也可以全是双音节

---

① 有关典故与成语等的关系请参看拙文《典故与成语》（《汉语学习》，1997，2）。

的，像"文人-墨客"、"小菜--碟"、"小道-消息"等，更可以单、双音节交叉的，像"开-小灶"、"人-之-常情"等。B 类的情况与上述A 类有所不同，用来组织的双音节词不是被并置，而是相互交叉于一起，形成结构上较为独特的一类。"妻离子散"由"妻子"和"离散"两个不同的双音节词组成，但这种组合并不如 A 类那样并置而生成"妻子离散"，而两两相互交叉形成"你中有我，我中有你"的情形：

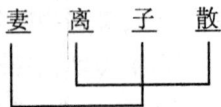

妻　离　子　散

据观察，该类固定语结构的稳定性很强，这恐怕与它们组合上的这种特点不无关联（详见 2.2.1）。

2.3.2　基础式固定语

基础式固定语的基础是熟语。因此，能作为基础的，既可以是"固定语"，也可以是部分"固定句"。

以"固定语"作为基础形成的固定语，比如：

博士一年级　──────→　博一

中国足球超级联赛　──────→　中超

老鼠过街──人人喊打　──────→　过街老鼠

卒子过河──有进无退　──────→　过河卒子

基础式固定语与作为产生基础的固定语，彼此义同或义近。

以"固定句"作为基础形成的固定语，比如：

仁者见仁，智者见智　──────→　见仁见智

成者为王，败者为寇　──────→　成王败寇

瓜田不纳履，李下不整冠　──────→　瓜田李下

2.4 固定语的意义类别划分

着眼于固定语的意义并对它们进行分类，这是固定语研究更深层次观察的表现。这种分类，最经常为人提及的要算"融合性成语"、"综合性成语"、"组合性成语"了。张永言（1982）指出，融合性成语在语义上是一个不可分割的统一体，整体的意义已经不能从部分的意义引导出来，比如"青出于蓝"、"胸有成竹"、"脍炙人口"等；综合性成语的意义可以由各个组成部分的意义引导出来，不过又强调其重要特征是形象化，其中许多是以比喻转义或借代转义作为基础的，比如"兴风作浪"、"对牛弹琴"、"悬崖勒马"等；组合性成语的意义直接由组成成语的各个词的意义合成，并特别指出，在这类成语里往往有一个成分具有不自由的受制约的意义。认为它们虽然不像前两类成语那么固定，但是它们也不像一般自由词组那么不固定，比如"粗心大意"、"骄傲自满"等。作者分析的对象虽然是成语而不是固定语，但从对成语"融合性"、"综合性"、"组合型"的解释中可以分明感觉到，这种类别上的划分让人不太好把握。不说别的，就拿"胸有成竹"与"悬崖勒马"来说，为什么前者的意义表达就是"融合性"的而后者的意义表达就成了"综合性"的？

其实，固定语意义表达上的明显分野在于，有些具有双层性的意义，就是，一个固定语往往有一层字面上的意义，同时透过它又有一层隐而不露的深层意义，而且这隐含着的意义才是固定语所要表达并为人们所普遍理解的真实的意义。比如"雪中送炭"的意义并不就是字面的"雪天中送来了炭"，而是指"在别人急需时及时地给以帮助"；"胸有成竹"的意义也不是表面的"胸中有个现成的竹子"，而是指"事前已有成熟的考虑和主意"。这一类可称之为双层式固定语。

另有一些，它们的意义只有一层，字面意义就是其真实的表达意义。"不见不散"的意义就是其字面上"见不到面就不要离开"的意义；"风和日丽"表达的正是字面上的"风平和，阳光好"的意思；"喜新厌旧"就是字面上的"喜欢新的不喜欢旧的"的意思。这一类可称之为单层式固定语。

2.4.1　单层式固定语

单层式固定语的意义决定于其表层，可从字面推导而来。

一般来说，构成成分的意义连缀起来而得到的意义就是字面上的。如果各构成成分具有多项意义，究竟取其哪一个意义作为形成表层意义的基础，这无定律，应视具体情况作具体分析。通常都取每个成分中常用的基本义作为表层意义形成的代表意义。比如"入木三分"，字面上指"进入木头中（达）三分"。其中的"入"、"木"均为多义，前者包括"进来或进去"、"参加到某种组织，成为它的成员"、"收入"、"合乎"、"入声"等五个义项，后者也含"树木"、"木头"、"用木料制成的"、"棺材"、"姓"五个义项。但表层意义中"入"的"进入"义、"木"的"木头"义都只是取自它们的基本义。出现这样的情况，不能以为纯属偶然。因为基本义是接触到这些词时能首先映入人的脑海中的一个意义，较为大家所熟悉。在解释固定语的字面意义时，其基本义被人们优先选用，自然在情理之中。假若取自各个部分的基本义能前后顺畅地连缀起来而且又能合乎逻辑，那么，这个意义即可以认为是该固定语的字面意义。

应该看到，从哪一个意义上形成字面意义，还会受到与其组合的其他成分意义的限制，所以，不是基本义却也能借以形成表层意义的情形并不鲜见。如"胸有成竹"，一般认为，其表层意义指"胸中有了根现成的竹子"，"成"为多义，但这里的"成"用作"现成"的意义却肯定不是它的基本义。

归纳起来，由以下各种途径形成的意义都应视为表层意义。

A，意义上完全等于依照字面的串讲，是各构成成分基本义展开的结果。例如：

牛鬼蛇神：指牛、鬼、蛇、神。

明日黄花：明天的黄花（菊花）。

戴高帽：戴上高的帽子。

它们是表层意义中最为典型的一类。

B，意义主要由字面导引出来，但如果只是按照字面来串讲，那么，或者不能明白得出的意义指的是什么，或者意义之间由于缺乏内在关联而扞格难通。这种情况下，往往需要作些适当的补充解释。

B₁，使各构成成分的意义能前后连贯地联缀起来而加入成分。例如：

鸣锣开道：（敲）响着锣，（让行人回避）开出道路来。

先天不足：出生前（发育）不足。

B₂，由古代汉语翻译成现代汉语时必须附加的成分。

动词、形容词的使动用法要添加"使"，如：

沉鱼落雁：（使）鱼下沉，（使）雁落下。

降龙伏虎：（使）龙降伏，（使）虎屈服。

名词、形容词的意动用法则要加"以……为"，例如：

草菅人命：（以）人命（为）草菅。

鱼肉百姓：（以）百姓（为）鱼肉。

古代汉语中名词用作状语的用法，在译成现代汉语时须加入适当成分，以帮助理解。例如：

珠圆玉润：（像）珠（一样）圆转，（像）玉（一样）光润。

草行露宿：（在）草丛（中）行进，（于）露天（下）睡觉。

车载斗量：（用）车装，（用）斗量。

假如借助上述各种途径形成的字面意义恰好等同于所在固定语要表达的意义，显然，这样的固定语即是单层式的。比如"举世瞩目"，其意义通常被解释为"全世界的人都注视着"[①]，而这一意义又恰巧同字面上"举世"之义和"瞩目"之义联接起来的意义大体相仿佛，所以它是单层式的；"举目无亲"意指"抬头看不到一个亲人。形容人生地疏"。粗看起来，它那纯粹从字面上推演过来的"抬头（一看），（发现）没有亲人"义，只与"举目无亲"全部含义中的前项切合，而

---

① 文中固定语的意义解释多取自《汉语成语词典》（李一华、吕德申主编，四川辞书出版社，1992）。

不能将意义的后项——"形容人生地疏"包括进来。这样似乎可以认为，"举目无亲"应是一个双层式的固定语。但如仔细分辨却又不难发现，"抬头看不到一个亲人"与"形容人生地疏"之间本质上并无不同，只不过是后者对前者作了更进一步的概括而已，是沿着前者指引的方向向前多迈了一步罢了（更进一步的讨论分析见5.3）。表层意义包括了这意义解释中的前者，也就意味着它同时将其中的后者也包含了进来。因而，"举目无亲"性质上还是单层式固定语。

固定语的单层表达，目前来看存在两种不同的表达方式。一种，也是较为重要的，即上述所分析到的——字面组合的意义恰好等于所要表达的真实意义。这一方面的具体实例相当多，除了上面提及的一些之外，还可以再举出诸如"土生土长"、"又快又好"、"养儿防老"、"成家立业"、"装疯卖傻"、"逢年过节"、"倒背如流"、"虚晃一招"、"通风报信"、"死无对证"、"里应外合"、"深更半夜"、"伤停补时"、"自给自足"、"上北下南"、"左西右东"、"指名道姓"、"应召女郎"、"朝发夕至"、"电闪雷鸣"、"左邻右舍"等。

另一种，它们既不能直接通过字面来最终形成，也不能凭借着字面所表达的意义来喻指其他的什么情况——实际上，构成成分都是原形式的代表。尽管这样，通过所代表的单位最终表达出的意义，如果与所要最终表达的意义完全吻合的话，应该认为这也是一种单层式的表达，只不过表达稍微绕了点弯儿而已。它们主要是些缩略语，比如"国二（国营二级企业）"、"神五（神舟五号飞船）"、"德甲（德国足球甲级联赛）"等。

2.4.2 双层式固定语

2.4.2.1 从字面推演出的意义不能涵盖固定语表现出来的全部意义，或者与固定语表现出来的全部意义有较大出入，这表明它们意义上很可能是双层的。例如"举棋不定"，其体现出来的全部意义为"拿着棋子不知下哪一着好。比喻犹豫不决，拿不定主意"。而从"举棋不定"字面上获得的意义只是"拿着棋子（却）没有定好（放在哪儿）"。

对照这两者，表层意义只能覆盖"举棋不定"意义中的一部分，即"拿着棋子不知下哪一着好"，"比喻犹豫不决，拿不定主意"的部分却在表层意义的范围之外。这提示人们，"举棋不定"内含了双层的意义。再比如，"琴瑟不和"意指"夫妻不和睦"，可是它字面上只表现出"琴和瑟的（配合）不和谐"的意义。这两者之间出入较大，从而表明了其意义上双层性的存在。

必须指出，固定语意义的双层性有别于固定语的多义。双层意义中的字面意义虽然会在不同程度上为人们所关注或感觉到，但它不是这个固定语内部的一项意义——只是为表达真实意义而起着形象比喻作用或者使人产生联想的作用。不应将字面意义与透过它而达到的真实意义并列为两个义项，说成是多义的固定语。只有透过字面意义而能表达出不只是一个真实的意义，该固定语才可认为是多义性的。例如，"细水长流"的字面意义是"细小的水流长时间地流动"，通过它可以形成"一点一滴、持续不断地做某件事"的比喻义，同样透过它还可以形成"有计划地节约使用财物，使其经常不缺"的比喻义。"细水长流"因具有两项真实意义而成为了多义固定语。相同的情形还有：

幕天席地

字面意义：以天为幕，以地为席

真实意义：①形容胸襟开阔

②形容野外生活

南风不竞

字面意义：南方的音乐不强劲

真实意义：①比喻衰弱不振

②比喻竞赛的一方力不能敌

目迷五色

字面意义：眼睛都看花

真实意义：①比喻实物错综复杂，分辨不清

②讽喻考官眼力不足，不识真才

　　另有一些，固定语的字面意义还现实地为人们所使用和理解，在不同的使用场合，其转义又会出现。例如，"鸣锣开道"字面的本义是"（敲）响着锣，（让行人回避）开出道路来"，转义则是"为某种事物的出现制造舆论，开辟道路"；"逆水行舟"的本义是"逆着水流行船"，转义则是"比喻前进过程中要克服种种困难"；"拐弯抹角"的本义是"（一会儿）拐个弯，（一会儿）又转个角"，转义则是"比喻讲话不直截了当"；"先天不足"的本义是"出生前（发育）不足"，转义是"指事物的基础差"，等等。判定这些固定语的性质，如果囫囵一团，将它们笼统地看作单层式的或双层式的都不太合适，而应依据不同的意义状况分别论析。当对应于它们的本义被使用时，它们都只能是单层式固定语；当对应于它们的转义被使用时，这些单位才具有双层式固定语的资格。因为，这种情况下，固定语的本义虽然没有用于交际，但它还依然存在着，并为使人们顺利理解转义而起着某种联想的或比喻性的作用。

　　固定语有的还含有附加意义。例如"人多嘴杂"指"人多，口（说的意见）杂"，含贬义；"上行下效"指"上面的人（怎么）做，下面的人就学着（怎么）干"，也含贬义；"如丧考妣"指"极端着急和伤心"，多用于贬义。附加意义一般都不能从字面的表层看出来，但不可由此认为，只要含有了附加意义的固定语都是双层式的。附加意义不能独立存在，它必须依附于一定的意义——或固定语的字面意义或固定语的深层意义，脱离开一定的字面意义或深层意义它就无法得以体现。换言之，附加意义不是作为双层意义中独立的一层出现的，不能单独算作意义的一层。明显地，附加意义的有无和意义双层性没有关联。上例中的"人多嘴杂"、"上行下效"都因意义的单层性而只是单层式固定语，"如丧考妣"因具备双层的意义而能被归入双层式固定语的范围，虽然这三者都含有"贬义"色彩。

　　2.4.2.2　具有下列几种情况的固定语，意义上往往都是双层的。

　　A 类，内含历史故事、神话传说、寓言等内容的。

　　内含历史故事的，如：

纸上谈兵	卧薪尝胆	背水一战	望梅止渴	负荆请罪
图穷匕见	三顾茅庐	毛遂自荐	破釜沉舟	孟母三迁
杯弓蛇影	庖丁解牛			

内含神话传说的，如：

| 后羿射日 | 夸父追日 | 嫦娥奔月 | 开天辟地 | 女娲补天 |
| 精卫填海 | 八仙过海 | 牛郎织女 | 画龙点睛 | |

内含寓言的，如：

守株待兔	愚公移山	刻舟求剑	郑人买履	亡羊补牢
自相矛盾	龟兔赛跑	叶公好龙	井底之蛙	黔驴技穷
画蛇添足	杯水车薪	买椟还珠	盲人摸象	

B类，内含动物、植物等具体物象的。

内含动物的，如：

鼠目寸光	鼠肚鸡肠	猫鼠同眠	首鼠两端	投鼠忌器
抱头鼠窜	獐头鼠目	胆小如鼠	牛鬼蛇神	牛刀小试
汗牛充栋	对牛弹琴	九牛一毛	吴牛喘月	虎视眈眈
虎口余生	虎头蛇尾	虎踞龙盘	虎落平阳	虎穴龙潭
兔死狐悲	兔死狗烹	攀龙附凤	马不停蹄	马革裹尸
老马识途	骑马找马	老骥伏枥	白驹过隙	车水马龙
蛛丝马迹	心猿意马	悬崖勒马	厉兵秣马	引狼入室
浑水摸鱼	惊弓之鸟	狼狈为奸	调虎离山	狼心狗肺
狗急跳墙	鹤立鸡群			

内含花、草、木、竹等植物的，如：

胸有成竹	瓜田李下	投桃报李	世外桃源	人面桃花
顺藤摸瓜	瓜熟蒂落	势如破竹	罄竹难书	青梅竹马
昙花一现	入木三分	缘木求鱼	木已成舟	草木皆兵
寻花问柳	囫囵吞枣	指桑骂槐	锦上添花	拈花惹草
明日黄花	羞花闭月	雾里看花	打草惊蛇	斩草除根
风吹草动	金枝玉叶	藕断丝连	披荆斩棘	萍水相逢
揠苗助长	柳暗花明	移花接木	枯木逢春	

内含其他具体物象的，如：

戴高帽　走独木桥　开绿灯　掌上明珠　一五一十　指手划脚
细水长流　走钢丝　开后门　开门见山

2.4.2.3　同样是双层式固定语，但从表层到深层的生成途径未必都相同。比如，"盲人摸象"的真实意义——"比喻对事物只凭片面的了解或局部的经验，就以偏代全妄加揣测"，则是通过对有关瞎子摸象这一寓言的比喻形成的。

据观察，固定语真实意义的形成途径主要包括如下的不同类型。

A，字面意义是喻体，真实意义通过比喻而形成。比如：

A_1，

山穷水尽　　牛鬼蛇神　　木人石心
木本水源　　暗礁险滩　　大风大浪
凤毛麟角　　木雕泥塑　　泰山北斗
龙潭虎穴　　魑魅魍魉

A_2，

明枪暗箭　　泰山鸿毛　　虾兵蟹将

A_3，

木已成舟　　盲人摸象　　井底之蛙
明日黄花　　投井下石　　入木三分
滥竽充数　　问道于盲　　刻舟求剑
夸父追日　　指鹿为马　　南柯一梦
画蛇添足

B，深层意义通过借代而形成。比如：

柴米油盐　　下里巴人　　阳春白雪
楚馆秦楼　　衣食住行　　锅碗瓢盆
明眸皓齿　　品丝弹竹

C，真实意义借助字面上的夸张而来。比如："十万八千里"，借"十万八千里"指"距离非常远"。类似的情况还有：

响遏行云　　气干云霄　　气吞山河

怒发冲冠　　　千钧一发　　　刀山火海

刀山剑树　　　吹影镂尘　　　间不容发

D，深层意义由字面意义虚化而来。如"低三下四"，字面上指"低三次下四次"，但它的表达意义则是"这样的低声那样的下气"，"三"、"四"的意义已经完全虚化。再如：

颠三倒四　　　丢三落四　　　不三不四

一来二去　　　三长两短　　　七上八下

七嘴八舌

E，字面意义描述了一种事实、一种情境，社会据此能较为容易地概括出所要表达的真实意义来。——实际上，字面意义已经包含了真实意义的实质。如"天下无敌"字面上指"天下没有敌手"，概括出的意义则是"本事高，力量强，战无不胜"。类似情形还有：

举目无亲　　　目不转睛　　　手足无措

眉开眼笑　　　手舞足蹈　　　风餐露宿

作为比喻，它的本体与喻体性质上不可能相同。本体与喻体若共存于同一语言单位中，这意味着它们共同构成了意义的两个层面，呈现出典型的双层性特征。A 类就属于这种情形，意义上的双层性较为鲜明。

A_1 类固定语的结构上都可以分出前后并列的两个部分，而且其中的每一个部分均存在各自的字面意义和透过字面所体现出来的深层意义。固定语整体上呈现出的意义双层性特点，即是由构造成分的双层意义共同作用而形成的。例如"山穷水尽"，"山穷"指"（到了）山的尽头处（已无路可走）"，喻指"陷入绝境"，"水尽"指"（到了）水的尽头处（已无路可走）"，亦喻指"陷入绝境"。由"山穷"和"水尽"组合成的"山穷水尽"意义上也因此同样具有双层性："（走到了）山和水的尽头处，（前边已无路可走）。比喻陷入绝境。""牛鬼蛇神"中的"牛鬼"指轮回传说中地狱的牛头鬼，"蛇神"为蛇精之义，都用以喻指像"牛鬼"、"蛇神"那样的人，以这些意义为基础而就形成了"牛鬼蛇神"的"比喻形形色色的坏人"的意义。值得注意的是，这些固定语中每个部分所体现出的深层意义都正好是该固定语所要表达的深层意义。虽然这样，但不同部分在形成固定语真实意义时不见得都能起到相同的实质性的作用。尽管哪一部分的深层意义能成为固定语真实意义构成的基础，我们还一时无法弄清楚，但却可以想见，即使其中某个部分的意义并没有成为固定语真实意义形成的基础，它在整个固定语的意义中也还仍然起着某种作用——至少能加强固定语真实意义的比喻色彩，进而使其真实意义的比喻性显得更为突出和强烈。

与 A_1 类一样，A_2 类固定语的各组成部分也都有双层意义，但体现于不同部分里的深层意义仅只是固定语整体深层意义形成的一个部分，固定语深层意义的完整内容必须依凭组成的两个部分的深层意义的综合来形成。例如"明枪暗箭"，"明枪"喻指"公开的攻击"，"暗箭"喻指"隐蔽的攻击"，由二者综合出的"比喻种种公开的和隐蔽的攻击"的意义，才是"明枪暗箭"所表达真实意义的全部。"虾兵蟹将"中的"虾兵"喻指"不中用的兵"，"蟹将"喻指"不中用的将领"，联合这二者深层意义而成的"比喻不中用的兵将"才是"虾兵蟹将"所体现的周延涵义。

A_3 类与 A_1 类、A_2 类的情况又都不同，组成固定语的各个部分都无从体现出双层性的意义，用以体现双层意义的是整个固定语。为固定语所概括在内的某种事件或现象，其中包括历史故事、神话、寓言、传说等从整体上形成其双层意义的基础，"由一个具体而形象化的事物或事理扩大到一类抽象的事物或事理之上从而出现比喻义"[①]。从"木已成舟"的各个部分中，看不出其中的哪个部分具有意义的双层性，它的真实意义——"比喻事情已成定局，无可挽回或不可改变"，则是通过给"木头已经做成了船"这样一种现象打比方而最终形成的。

上面谈到的 A_1、A_2、A_3 各类，表现双层意义的方式彼此略有差异，但体现出来的双层性意义却很明显地让人感到属于整个固定语。这些都算是意义双层性特点体现得比较充分、突出的情况。在这种情

---

① 刘洁修：《成语》，商务印书馆，1985 年版，第 82 页。

况下，人们运用意义双层性理论去判断固定语是否为成语时，往往能够得心应手，并且基本上都能较正确地指明它们的性质。

B 类的借代有别于比喻，作为借体的对象总得与所指有着某方面的相关性，或者借部分来指代全部，像"明眸皓齿"借字面上的"明亮的眼睛"与"洁白的牙齿"来借代"女子貌美"等；或者借特征来指代事物，像"柴米油盐"借"柴"、"米"、"油"、"盐"这四种生活必需品来借代"必要的生活资料"；或者借事物的材料工具来表示这一事物，像"品丝弹竹"，借字面上的"丝"与"竹"指"用丝竹做的乐器"等。彼此相关的程度越高，相互之间的区别性特征就相应地越小，能分割开来当作两层意义的难度必然增大。意义双层性的典型程度远不及 A 类。C 类与 E 类相似，固定语所要表达的真实意义只须在字面意义的基础上稍作推演就可得来，彼此相关、相同的内容要多于相异的内容。至于 D 类，字面意义经虚化之后往往会发生很大变化，从而不可避免地形成意义上的两层，双层的明显程度近同于 A 类。

2.4.3　双层式固定语与单层式固定语的具体划分

理论上虽然明确了，什么样情况下的固定语是双层式的、什么样情况下的固定语是单层式的，但这还远远不够。要知道，固定语的意义表达十分纷繁复杂，不少情况下，人们很难一下子断定它们的意义究竟是单层的还是双层的，因此，非常有必要在理论分析的基础上对相关现象作出更进一步的探究。比如，有些固定语，只是其中的某一构成部分具有意义双层性，而与之组合的另一部分却并不具有。"目不识丁"中的"丁"用以借指"简单的汉字"，而非只是"丁"这一个字。可以确信的是，构成成分"丁"是所在固定语中唯一具有表达双层意义的部分。对于这种类型的固定语，一刀切地认为它们意义上都具备或都不具备意义的双层性，看来不太符合客观的语言事实。在判断它们是否具备意义双层性的问题上，应力戒绝对化，要对具体情况作具体分析。较为可取的做法是，应以局部成分意义上的双层性在所在固定语意义形成中所起的作用为终极判定依据，观察分析在其影响下是否使固定语整体上也染上双层性意义的特点，然后依分析结果再对固定语的性质作出相应的判断。

2.4.3.1 表达双层意义的局部成分在不同固定语中占据的地位不完全一样。据此稍作归纳就可以将它们划成以下的几个类别（加"."的部分表示有双层意义，未加的部分则表示不具备双层意义）。

a. 双层意义部分处于固定语中的修饰语地位，如：

弥天大罪　　　膏粱子弟　　　咄咄怪事
漫天要价　　　切肤之痛　　　一孔之见
锦绣河山　　　门户之见　　　燃眉之急

b. 双层意义部分处于固定语中的补语地位，如：

问道于盲　　　名扬四海　　　寄人篱下
含笑九泉　　　玩弄于股掌之上

c. 双层意义部分处于固定语中的主语地位，如：

暗箭伤人　　　一马当先　　　瑕瑜互见
黑白不分　　　漏洞百出　　　猫鼠同眠
眉目不清　　　鹿死谁手　　　龙跃凤鸣

d. 双层意义部分处于固定语中的宾语地位，如：

面有菜色　　　化为泡影　　　名列前茅
胸无城府　　　迷恋骸骨　　　饱经风霜
乱点鸳鸯　　　寻花问柳　　　攀龙附凤

e. 双层意义部分居于固定语中的中心语地位，如：

人中骐骥　　　拿手好戏　　　人中龙凤
一场春梦　　　满腹经纶　　　人间地狱
春兰秋菊　　　南金东箭

f. 双层意义部分居于固定语中的谓语地位，如：

民怨沸腾　　　人声鼎沸　　　生灵涂炭
流芳后世　　　千载独步　　　声名鹊起
风靡一时　　　一语破的

地位功能的不同与局部成分在固定语中所起作用的大小有着十分紧密

的关系。一般地说，中心语成分的意义往往是这个固定语的意义中心，是整体意义形成的主要基础。如果体现双层性的意义部分恰好居于中心语的位置如 e 类，那么就有理由认定这一固定语整体上相应地具有了双层性的意义。主语、谓语、宾语历来被看成句法结构中的主干成分，是固定语意义形成的重要基础，更是人们理解固定语意义所必须理解的重要部分。这三种功能成分有了意义的双层性，就预示着它们各自所在的固定语也具有了意义的双层性。

修饰语相对于中心语，在地位上显然不如后者重要。在固定语中只是为说明中心语而提供说明的角度或者只是对中心语所处状态的一种描绘；补语的功用也大体与此相类似，它对处于中心位置的述语仅作些补充性的说明。两者多不会作为形成所在固定语意义的重要基础，所以也不是理解其所在固定语意义的决定方面。a 类、b 类的双层意义部分分别位于所在固定语的修饰语和补语位置，所以难以认为这类固定语整体上已具备双层意义。因为"整个单位意思的中心不是双层的"，在处理上就"宜尽量减少两可的或中介性的情况"[1]，可以考虑归为单层式固定语。

另外，还有一部分固定语，它们结构上是以比喻的方式使各构造成分相互联结在一起的。例如：

g．含"如"、"若"、"似"、"同"等喻词的明喻式。这其中又包括两个细类（本体加"●"，喻词加"△"，喻体加"○"。下同）

g₁，本体、喻词、喻体全部出现。如：

目光如豆　　巧舌如簧　　胆小如鼠
● ● △ ○　　● ● △ ○　　● ● △ ○

易如反掌　　门庭若市　　口若悬河
● △ ○ ○　　● ● △ ○　　● △ ○ ○

冷若冰霜　　固若金汤　　光阴似箭
● △ ○ ○　　● △ ○ ○　　● ● △ ○

---

① 刘叔新 《汉语描写词汇学》，第 130 页，商务印书馆，1990 年。

行同狗彘　　味同嚼蜡　　归心似箭
● △ ○ ○　　● △ ○ ○　　● ● △ ○

g_2，只有喻词、喻体，本体并没有出现。如：

如数家珍　　如鸟兽散　　如虎添翼
△ ○ ○ ○　　△ ○ ○ ○　　△ ○ ○ ○

如获至宝　　如丧考妣　　如鱼得水
△ ○ ○ ○　　△ ○ ○ ○　　△ ○ ○ ○

如日方升　　如牛负重
△ ○ ○ ○　　△ ○ ○ ○

如泣如诉　　如痴如醉　　如花似玉
△ ○ △ ○　　△ ○ △ ○　　　△ ○ △ ○

如狼似虎　　如饥似渴
△ ○ △ ○　　△ ○ △ ○

h. 用"成"、"为"等构成的隐喻式。如：

以邻为壑　　为鬼为蜮　　众志成城
● △ ○ ○　　△ ○ △ ○　　● ● △ ○

挥汗成雨　　咳唾成珠　　聚蚊成雷
● ● △ ○　　● ● △ ○　　● ● △ ○

人为刀俎，我为鱼肉
● △ ○ ○　● △ ○ ○

i. 省略喻词的暗喻。暗喻可以通过添加喻词而成为明喻或者隐喻。
这一类中，有的只出现喻体，如：

（如）狼奔（如）豕突　　　（如）星罗（如）棋布
　　 ○ ○ 　　 ○ ○ 　　　　　　 ○ ○ 　　 ○ ○

（如）冰清（如）玉洁　　　（如）土崩（如）瓦解
　　 ○ ○ 　　 ○ ○ 　　　　　　 ○ ○ 　　 ○ ○

（如）芒刺在背　　　　　　（如）泥牛入海
　　 ○ ○ ○ ○ 　　　　　　　　 ○ ○ ○ ○

有的则能同时出现本体和喻体，如：

人（如）山人（如）海　　心（如）猿意（如）马

米（如）珠薪（如）桂　　枪（如）林弹（如）雨

口（如）蜜腹（如）剑　　名（如）缰利（如）锁

　　所以把它们单独列出来作具体分析，不只是因为不同成分之间存在比喻关系，更重要的原因在于，不同部分之间存在着的比喻关系很容易让人把比喻部分的意义直接理解成一种深层意义（因为深层意义在绝大部分情况下都有比喻意义），进而错误地以为整个固定语都含双层的意义。

　　通常见到的双层式固定语，其比喻的深层意义都只是通过喻体来体现的，或者双层式固定语的整体是一个喻体，如"井底之蛙"、"入木三分"、"鹤立鸡群"等，或者双层式固定语中的局部是个喻体，如"寄人篱下"、"猫鼠同眠"中的"篱下"、"猫鼠"等，而作为比方产生比喻意义的本体和连接本体、喻体的喻词并不出现。与它们相比，比喻式构成的各固定语则有些不同：g_1 类、h 类中就出现了本体和喻词。固定语里本体的直接出现意味着通过喻体而表现出的本体意义由深层转向了表层。这就是说，字面上的意义即可被认为等于这一固定语的确切意义，它们已不具备意义双层性的特点。从理论上来看，g_1 类、h 类里的固定语不能划到双层式固定语的范围中。"胆小如鼠"的真实意义就是字面上"胆子小得像老鼠"的意义；"归心似箭"的真实意义就是字面上"（急欲）回家的那颗心就像（射出的）箭一样"的意义。

　　这样分析并不就规定比喻式构成的固定语都只能是单层式固定语而不可以是双层式固定语。实际上，有一些用以打比方的喻体本身会引申出另一些意义，从而使得固定语中的局部成分形成了双层的意义。喻体是本体意义借以形象化的一种表达，喻体的双层性实际上亦表明了本体意义上的双层性特点。由此可以认为，这样的固定语也是双层式的。比如"目光如豆"，字面上是指"眼光像豆子那样小"，但其中的"豆"又从原来的"如豆子般小"的意义中引申出"短浅、缺乏远见"的意义，并由此形成了"目光如豆"的新义："形容目光短浅，缺乏远见"。类似于这样的固定语还可以举出一些，如"目如悬珠"、"巧舌如簧"、"口若悬河"、"惜墨如金"等，它们都无疑是双层式固定语中的成员。

g_2 小类又有不同于 g_1 小类的地方，固定语中没有出现本体——这一点倒似乎更接近于通常谈到的那些双层式固定语；而且，g_2 小类中的喻体部分，像"如数家珍"中的"数家珍"等大多能体现出意义的双层性，它们基本上都可以归入双层式。同样属于 g_2 小类的，像"如泣如诉"、"如痴如醉"等，由于喻体直白而不具双层性，处理上应区分于"如数家珍"等，只能视之为单层式固定语。

i 类暗喻式固定语的性质可仿上述分析而逐一对照以确定出来。

2.4.3.2 充实固定格式形成的固定语，它们的意义都由两部分构成：前后组配的成分之间形成的词汇意义，嵌入成分的意义。据观察，固定格式自身体现出来的词汇意义都是直陈性的，从组合成分的字面完全可以判断推导出来。"半……半……"表示相对的两种性质或状态同时存在；"左……右……"指同类行为的反复或表示这一边那一边；"有……有……"表示既有这个又有那个，两方面兼而有之，等等。因此，固定格式形成的词组有无意义的双层性，关键在于插入成分是否具有双层性意义，这是一方面。另一方面还应看到，对于整个固定语来说，嵌入成分的双层性并不能就表明整个固定语意义上的双层性质——还得看嵌入成分处于固定格式中的什么位置。嵌入成分在"有……有……"、"无……无……"等固定格式中处于宾语的位置，在"半……半……"、"千……万……"、"现……现……"、"半……不……"等固定格式中处在中心语位置，而这些位置上的意义对整个固定语双层意义的形成有重要的影响。如果嵌入成分果真有意义的双层特点，即可认为所在词组也具有双层性质，所在词组就能当作双层式固定语看待。比如"有鼻子有眼儿"，这当中的"鼻子"和"眼儿"并非就是指人的器官，而是借助它们来形容将所描述的事物说得更为逼真和形象。"有血有肉"中的"血"和"肉"用的也不是它们的基本义，而是用来比喻描写生动，内容充实。它们都有理由被看作双层式固定语。而像"有利有弊"、"有情有义"、"千言万语"、"半明不暗"、"三令五申"、"无影无踪"、"半信半疑"等，字面上的意义就是各单位所要表达的真实意义，因而都是单层式固定语。

总体上看，充实固定格式形成的固定语中，单层式固定语占大多数。

2.4.3.3 所有歇后语的意义表达，因为无不需要借助"谜面"来实现，因而都明显是双层性的。只是，这种双层性的意义并不具体落实在某个或者某些具体的构成成分上，而是寄托于由"谜面"所描绘的具体物象并最终由它来完成，在这一点上，它们倒类似于"刻舟求剑"、"盲人摸象"等双层式固定语。

歇后语意义表达上的双层性存在着各种的情形，下面是其中的几类。

A 类

恶狼对羊笑——不怀好意

阎王爷的告示——鬼话连篇

竹篮子打水——一场空

猪八戒照镜子——里外不是人

该类歇后语的真实意义完全寓于"谜面"中，透过"谜面"就能推导出所暗含着的意义——后面的"谜底"仅仅是对"谜面"所暗含意义的一种揭示、解释，仅仅是使它明确化了而已，是双层性表达中较常见到的一类。

B 类

大路边的电线杆——靠边站

铁公鸡——一毛不拔

芭蕉插在古树上——粗枝大叶

白糖嘴巴刀子心——口蜜腹剑

抱着香炉打喷嚏——碰一鼻子灰

唱戏的打板子——一五一十

该类有两个方面与上述的 A 类不同。其一，"谜底"恰好是汉语中现成的一个固定性语言单位；其二，这种单位自身具有独立的字面意义："靠边站"的表层意义就是"靠旁边站着"；"一毛不拔"指"一根毛都不拔"。"谜面"无疑是整个歇后语真实意义构成的表层，但不用否认的是，"谜底"所具有的表层意义又何尝不是其真实意义表达的另一表层呢？也就是说，该类歇后语对应于真实意义的表层有两个，或者也可以认定，整个歇后语的意义由三层构成。不妨再以"芭蕉插在古树上——粗枝大叶"为例对此作出说明：

表层 1：谜面——"芭蕉插在古树上"。

表层 2：谜底的字面意义——"树枝粗，叶子大"。

深层意义："比喻不细致，做事粗心大意"。

只是由于"谜底"是对"谜面"解释的结果，而且"谜底"呈现出来的表层意义与"谜面"大致相仿佛，是朝着同一个方向来达到所要表达的真实意义。因此，尽管在双层的基础上添加了一个层次，但社会在理解它们意义的时候，并未因此而感到有多艰涩。——相反，理解倒更容易了，印象也更深刻了。

C 类

和尚的房子——庙（妙）

打架抓胡子——牵（谦）须（虚）

龙王爷搬家——离（厉）海（害）

小葱拌豆腐——一青（清）二白

歇后语的真实意义借助谐音来表达，谐音构成了意义从表层到深层的又一意义阶段。这就是说，这类歇后语真实意义的表达也需要经过三个层次。下面是对"和尚的房子——庙（妙）"的具体说明：

表层 1：谜面——"和尚的房子"。

表层 2：谜底的谐音转化——"妙"谐音"庙"。

深层意义："神奇、巧妙"。

同样都表现为三个层次，但 C 类的理解相对来说就要难一些，重要的原因在于，表层 2 与表层 1 之间存在一个转换，而这种转化改变了原来表层 1 的意义直接指向，同表层 2 不是往同一个方向使劲儿。

D 类

八十老太打哈欠——一望无（涯）牙

炒了的虾米——红仁（人）

城门楼上的哨兵——高守（手）

利刃砍黄瓜——一刀两段（断）

该类歇后语兼有 B、C 两类的特点，从表层到深层需要经过如下的四个层次。拿"利刃砍黄瓜———一刀两断（段）"来说：

表层 1：谜面——"利刃砍黄瓜"。

表层 2：谜底的谐音转化——"断"谐音"段"。

表层 3：谜底的字面意义——"刀切开后断成两截"。

深层意义："比喻坚决断绝关系"。

2.5 关于成语、惯用语

社会耳熟能详的成语和惯用语，现在还真难弄清楚它们究竟是从哪一个角度分出来的类别。若一定要说什么角度的话，那恐怕只能是综合各类标准的结果。这综合的标准，虽然各家的侧重点不尽相同，数目上也互有差别，但大体不会超出下列几个方面：

（一）音节数目上，成语的主要形式是四字格，惯用语则以三字格为主；

（二）组成部分之间的结构关系上，惯用语以述宾式为常见，成语的语法结构关系几乎应有尽有；

（三）结构的固定性上，后者不如前者来得凝固、定型；

（四）来源上，成语大多数有案可查，不少还带有典故性质，而惯用语的大多数则来自群众的口头创作；

（五）意义上，惯用语大多数是通过比喻产生比喻新义，而成语的意义有比喻性的也有大量非比喻性的；

（六）语体上，成语中带有书面色彩的占相当大的比例，惯用语则大多是口语化的。①

发现固定语内在的差异并据此分出成语和惯用语，这自然具有一定价值。但是，用以区分开这两者的一系列标准能否切实有效地将它们划分清楚，很值得怀疑。这一点，上举的各条标准本身已相当明显地表现了出来。因为每条标准都可以既适用于成语也同样适用于惯用语，所存在的至多只是程度方面的差别。音节数目上的分别并不绝对。成语和惯用语都有四音节的（四音节惯用语如"唱对台戏"、"吃大锅饭"、"吃闭门羹"、"打马虎眼"等）和更多音节的（惯用语如"卖狗皮膏药"、"摸老虎屁股"等，成语如"冒天下之大不韪"、"明修栈道，暗渡陈仓"等）。组成部分的语法结构关系上，彼此之间相互交叉的情况就更无须赘言。结构的固定性方面，诚然，被认为的惯用语中间可以插入一些其他成分，如"碰钉子"可以说成"碰了个大钉子"，"敲边鼓"可以说"敲了一阵子边鼓"等。但是，被公认为的成语中其实也同样存在类似情形，如"正中下怀"就可以说成"正中尔格的下怀"（高缨《云崖初暖》），"略胜一筹"也可以说成"略胜刘贤通一筹"（刘亚洲《秦时月》），"重蹈覆辙"还可以说成"不再重蹈她的覆辙"（老舍《鼓书艺人》）等。而且，一般所说的惯用语并非都可以增加或改变其中的成分，比如"不管三七二十一"、"卖狗皮膏药"等。成语和惯用语的来源，应该说都包括书面语和口语两个方面。"成语"中源自口语的如"不痛不痒"、"七嘴八舌"、"一刀两断"、"不三不四"等；"惯用语"中也不乏出于书面语的，如"下马威"、"莫须有"、"眼中钉"等。即便惯用语中没有任何出自书面语的，而成语中来源于口语的那部分也会与惯用语相混同。上述第五条关于成语与惯用语之间意义上的区别虽有界说，但事实上相互交叉的情况很多，仅凭这一条，还不可能把这两者区别开。至于彼此语体上的差别，一如以上其他各条标

---

① 见倪宝元、姚鹏慈合著的《成语九章》中第35～39页的有关内容。

准一样，也都不会存在绝对的界限，如成语的"七上八下"、"不三不四"、"乱七八糟"等也经常运用于口语，带有明显的口语色彩。

从以上对赖以区分开成语和惯用语的各条标准的分析来看，每条标准本身并不那么"标准"，有相当的不确定性和模糊性。这显然会给人们的实际操作判断带来麻烦。照理说，在具体鉴别过程中，只要不符合标准中的任何一条，都不能确认为惯用语或成语。但是，由于每条标准的不确定性和模糊性，因而，对这"不符合的一条"在个人理解时自然就会各取所需：同样的这些标准，个人据此而得出的判断很可能并不完全相同，或者出现同一个人对同一个单位此时或彼时得出的结论也不见得一致的情况。例如"莫须有"，《成语九章》中看成惯用语，可是《惯用语例释》（徐宗才、应俊玲编著，北京语言学院出版社，1985）却并未予以辑录，而《汉语成语词典》则干脆列为条目；就是对照《成语九章》提出的各条标准，作者把"莫须有"当成惯用语实有不妥，因为它欠缺该书本身提出的一般惯用语常见的"述宾式、口语化、群众口头创作"的特点。

而且，这几条标准中孰主孰从并没有得到具体阐释，这不能不说是理论上的不完善之处。如果将这些标准——不论是意义内容方面的还是形式方面的，都一视同仁，恐怕未必妥帖。

更要命的是，成语、惯用语的上述理论很难解决实际遇到的语言现象。长期以来，人们总是习惯性地绕开下面这些实际上并非个别的语言现象而来讨论成语、惯用语：

虚晃一招	养儿防老	逢年过节	土生土长	成家立业
无功而返	装疯卖傻	死无对证	深更半夜	互惠互利
强国富民	前所未有	坐立不安	风尘女子	街头巷尾
是非功过	长命百岁	书香门第	市井小民	活灵活现
文人墨客	遗老遗少	返老还童	上山下乡	生辰八字
重男轻女	大打出手	男欢女爱	祸从口出	只字不提
软磨硬泡	贼不走空	大干快上	高朋满座	单打独斗
家常便饭	黑灯瞎火	好吃懒做	精耕细作	用进废退

人命关天	夫唱妇随	平起平坐	阴盛阳衰	宽衣解带
客随主便	反客为主	破口大骂	穷追猛打	依山傍海
少言寡语	街头巷尾	孤儿寡母	新朋老友	能歌善舞
称兄道弟	面红耳赤	活命哲学	党规党纪	敌我矛盾
发达国家	反面教材	风味小吃	知识分子	小脚女人

不只如此，类似这样的固定语伴随着改革开放而呈现出日益增长的趋势。下面是其中的一小部分：

双重领导	一国两制	扭亏为盈	乡镇企业	待业青年
独生子女	服务行业	公益劳动	黄金时间	娇骄二气
科普读物	精神文明	物质文明	红头文件	花花公子
领导班子	特异功能	小道消息	适销对路	正面人物
脱贫致富	现场办公	长官意志	公共关系	床上用品
窗口行业	短期行为	拥军优属	大众情人	自负盈亏
又红又专	小康之家	平头百姓	冤假错案	题海战术
家庭妇男	头面人物	三等公民	赵钱孙李	政企不分
包办代替	智力投资	包教包会	齐抓共管	拉帮结派
来料加工	论资排辈	自助餐厅	自选商场	民意测验
单亲家庭	名特新优	劳务市场	劳务出口	蓝领工人
科教兴国	请客送礼	非常男女	伤停补时	九二共识
以人为本	扫黄打非	持币待购	保驾护航	截弯取直
摩天大楼	严防死守	即停即离	朝发夕至	朝九晚五
生死时速	等米下锅	团进团出	里空外卖	试管婴儿

如果参照上述有关成语、惯用语的标准反观它们，可以发现它们有如下的一些特点：（一）都是四音节形式。（二）多为偏正结构。（三）结构上都较为固定，有些成员构成成分的中间不能插入任何成分。如"书香门第"、"一国两制"、"知识分子"、"港澳同胞"、"风味小吃"、"公益劳动"、"齐抓共管"等；有些虽也可以添加一些成分，但所能添加的成分数量上极为有限，大都只能加进极个别的成分，譬如"的"之类等；"独生子女"——"独生的子女"、"反面教材"——"反面的

教材"、"双重领导"——"双重的领导"、"待业青年"——"待业的青年"等。（四）语体色彩上都是中性或口语性的，如"黑灯瞎火"、"市井小民"、"物质文明"、"党规党纪"、"科教兴国"、"领导班子"、"平头百姓"、"小脚女人"、"大众情人"等。（五）没有典故性。（六）它们的意义可以通过各构成成分的意义简单加于一起而获得，能够从它们的字面意义上体现出来。"贼不走空"就是"小偷离开的时候往往不会空手"；"敌我矛盾"就是"敌方和我方之间的矛盾"；"风味小吃"就是"风味"（"事物的特色"）和"小吃"（"饮食业中出售的年糕、粽子、元宵、油茶等食品的统称"）意义的相加。

　　从以上的对照分析可以看出，它们性质上兼跨着传统上的成语和惯用语两类——既有惯用语的部分特点，同时又包含了成语的局部特点，由此而把它们归入成语或惯用语好像都不能说完全不可以。但是，它们特点中的意义方面——可以通过将构成成分的意义直接加于一起而获得，既与意义上要求有整体性的成语不同，也和意义上要求有比喻特点的惯用语相异。——这等于在向社会表明：将它们归入成语或惯用语的基础不存在，不宜归入其中的任何一类。

　　既不能归于成语，也不能归于惯用语。它们居然成了无类可归者！

　　而这些"无类可归者"在新产生的固定语中还相当不少。它们不仅存在于用一般方式构造的固定语中（见上述），而且还通过缩略等方式大量地产生出来，仅以"三"、"四"构成的新数词缩语就有：

三：三办企业　三包一奖　三不政策　三不主义　三参一改
　　三查三整　三大材料　三大差别　三大敌人　三大法宝
　　三大改造　三大观点　三大国粹　三大领主　三大民主
　　三大元帅　三大运动　三大战役　三大作风　三定办法
　　三定一顶　三定政策　三反分子　三废污染　三个差别
　　三个法宝　三个面向　三个世界　三好学生　三和一少
　　三面红旗　三Ｃ革命　三土工厂　三优一学　三种教育
　　三子干部
四：四百一无　四大民主　四大能源　四大元帅　四大指标

　　四Ａ革命　四高运动　四个不变　四个第一　四个坚持

　　四条汉子　四无粮仓　四好连队　四定包工　四有新人

　　针对词汇中的这些现象，一些学者努力尝试着寻找破解难题之道。专门以新产生的惯用语为收录范围的《新惯用语词典》，不太拘泥于固定语音节上的限制而收录了许多类似的四字格，如"秘密武器"、"十字路口"、"狐狸尾巴"、"胡子工程"、"地方粮票"等，不过该词典并不是无原则地见四字格就收录——只收录那些含有修辞转义①的固定语。上举的四字格都含有修辞的转义："秘密武器"喻指外界不知道的、具有重大作用的办法或人才；"十字路口"喻指面临需要对重大问题作出抉择的境地；"狐狸尾巴"喻指无法掩盖的坏人坏事的真相；"胡子工程"指因工作效率低下等原因而长期拖延不能竣工的工程；"地方粮票"喻指只在本地区本部门实行或被承认的政策、规定、办法等。对同样是四字格但缺少修辞转义的固定语，如"物质文明"、"港澳同胞"、"科教兴国"、"风味小吃"、"计划生育"、"优生优育"、"齐抓共管"等，未见该词典收录。很明显，该词典只是就其中的部分现象给出了解决办法。

　　而且，定义为惯用语（即便被冠以新惯用语）的这些单位与习见的惯用语的特点并不一致。试看②：

地下工厂	精神食粮	拳头产品	表面文章	顶头上司
官样文章	露水夫妻	胡子工程	个人问题	十字路口
火箭干部	马路新闻	生活问题	出头椽子	老虎屁股
地方粮票	后台老板	狐狸尾巴	狗头军师	皇帝女儿
小萝卜头	外交辞令	空头支票	秘密武器	赵公元帅
两脚书橱	独立王国	定时炸弹	皮包公司	张三李四
阿猫阿狗	空心汤圆			

　　虽说意义方面与通常所论的"惯用语"较为契合，但上述各单位与传统观念上"惯用语"的相异之处实在不少：形式上是四个音节的；

---

　　① 《新惯用语词典·序言》指出"绝大部分惯用语都含该词组的修辞转义"。
　　② 这些例子悉数摘录于《新惯用语词典》。

结构上也不是常见的动宾式；并且结构固定，各构成成分的中间不能随便添加别的成分；色彩上有的不具口语性。这种情况下，如果仍然置这些不同于不顾而不作区别地将它们统统收入惯用语，难免会出现不同的意见。

可是，作为词汇中现实存在着的事实，研究者却又不能对它们的性质置之不理，必须要寻找出一个适当的办法来加以解决。

据我们考虑，问题最终解决可供选择的方案不外乎这么几个：

方案一：干脆漠视它们彼此之间存在着的种种差异，将它们笼而统之地称作"成语"（或"惯用语"）[①]；

方案二：正视它们内部的这种差异性，改变成语、惯用语区分上的多角度标准，并尝试着于它们之间树立起全新的区分标准；

方案三：将这些新产生的词组单独编列为一类。

方案一未尝不可以，但终归不合乎研究的基本精神。这其实是在回避。方案三倒不失为备选。只是，它们不能归入成语、惯用语，这本身就表明了该类自身性质上存在有不同于成语、惯用语的地方，而且，由于这种区别又恰巧主要体现在意义内容上，因而凭着这意义方面的区别而将它们划作与成语、惯用语相并列的独立的类来处理，理论上似未尝不可。然而，纯以新固定语为对象来给固定语建立一个类，会带来一系列问题。其中最主要的，这样做会无端地切断新固定语与以前固定语的各种联系，使得原先存在的类似它们的固定语，比如"总而言之"、"一言以蔽之"、"风和日丽"、"和风细雨"等不能被包括进来，从而致使它们变成了新的"无家可归者"。再者，成语和惯用语之间原本就有纠结在一起的情况，这已经让社会难以招架。现在如果在原先存在的两类当中再增设一类，势必会造成类与类之间新的纠缠。这不能被认为是理想的解决办法。

现在看来，剩下唯一一条可走的路就是方案二，改变性质上的一般认识，使之能不只包括早先的、性质上相仿佛的固定语单位，而且还能有效覆盖新产生的固定语。这样做，不只是出于解决诸如上述诸单位具体归属的实际需要，更重要的，这也是消除现今成语惯用语区

---

① 名称既可以取用现有的"成语"、"惯用语"等，也可以另定新术语。

分标准中普遍存在着的模棱两可情形的实际需要。

如果想继续保留原来的术语——"成语"和"惯用语"这种名称的话，不妨将它们分别与上文所谈到的双层式固定语和单层式固定语相对应（除却其中的歇后语部分），即双层式固定语为成语，单层式固定语就是惯用语。"成语的重要特征，凭之基本上能同所有其他固定语区别开来的特征，是表意的双层性：字面的意义具有形象比喻作用或使人联想的作用，透过它曲折地表现仿佛处于内层的真实意义。"（刘叔新，1984：104）[①]

赋予成语、惯用语以全新的标准，社会至少能对出现在汉语中所有的而不只是绝大部分固定语的性质作出准确判断，也不致据标准而遇到可此可彼、或既不能此也不能彼的尴尬情形。

这种意义上的"成语"和"惯用语"，在面对其他语言中的类似现象时就更能显出其优势。拿英语来说，像如下的这些单位，我们都可以毫不犹豫地称之为"成语"，因为它们字面的意义与其所要表达的真实意义不同：

flip one's lid（勃然大怒）

add fuel to the flame（火上浇油）

after one's own heart（正中下怀）

foot the bill（付款）

give me a hand（帮助）

full of beans（情绪高涨）

get a lot on the ball（聪明能干）

get it in the neck（遭受重创）

---

① 有些固定语，既可以用如其字面的意义，又可以用如其字面之后的深层意义，比如"草台班子"，有时可以指"演员较少，行头、道具等较简陋的戏班子（常在乡村或小城市中流动演出）"，有时可以借用来"比喻临时拼凑起来的水平不高的团体"；再比如"吃独食"，有时指"有东西自己一个人吃，不给别人"，有时借用来"比喻独占利益，不让别人分享"，等等。这样的固定语，就其静态的性质而言，它们是兼属的，兼有成语、惯用语的性质。需要指出的是，动态使用上，它们只能或者是成语，或者是惯用语，不会也无法兼属成语和惯用语这两者的性质。

温端政先生主张，成语意义上具有表述性或描述性，惯用语意义上具有描述性。详见其所著《汉语语汇学》（商务印书馆，2005）71页的有关内容。

put one's back to it（埋头苦干）

drop in the bucket（沧海一粟）

　　然而，对于以下的这些单位，英语中十分常见，但称为成语显然不合适，要是归于传统意义上的惯用语，也觉很别扭。——没有办法，多数情况下只好笼统地将它们称为"固定词组"。照着新的理解，将它与单层式固定语等同起来，下面的这些单位即可径直被称为"惯用语"。

for a moment（片刻，一会儿）

from now on（从现在开始）

get off（走开）

for once（一次）

down the line（沿着路一直向前）

cut off（切断）

in time（及时）

in reality（事实上）

in short（总之）

in other words（换言之）

　　此外，把固定语意义上的双层性与否同相应的成语、惯用语对应起来，这既便于老师的教学，更便于学生对它们的理解与掌握。

§3 固定语位及其变体

3.1　固定语位

固定语的同一性即固定语位的问题一直未能引起学人们的注意。[①]
这其中的原因可能在于：其一，较之于词的同一性，它似乎不及后者
那么芜杂；其二，对固定语研究的关注度不够，致使与之相关方面的
研究也出现空白点。

其实，只要稍微观察一下，与固定语位相关的问题实际上还是非
常之多。单拿歇后语来说，表面上大同小异的情况就十分常见，比如，
"白天盼月亮——甭想"、"白天盼月亮——莫想"、"白天盼月亮——休
想"等，是把它们看作不同的固定语合适呢还是当作同一个固定语适
当的思索即明显与固定语位相涉。——须在固定语位理论分析的基础
上才可作出合理的选择判断。

固定语位问题的存在，虽然不会直接影响到社会的使用与理解，

---

① 我虽然在《AABB 式与成语词典的编纂》(《辞书研究》，1999，2) 一文中提出了"固
定语位"的概念，但此后一直未就此问题展开过进一步的分析。

但于工具书编纂者而言，却是一个很大的困扰。有学者曾将微有差异的这些"语"全都处理成不同条目予以收录，比如《歇后语大全》（中国民间文艺出版社，1987）中就收录了与"裁缝店里丢了剪子——净落吃（尺）了"相似的条目达 24 条之多，它们是：

裁缝掉剪——光记尺（吃）哩

裁缝掉剪刀——光剩尺（吃）

裁缝掉剪刀——只有尺（吃）

裁缝掉剪子——光顾尺（吃）啦

裁缝掉剪子——光落个尺（吃）

裁缝掉剪子——光剩尺（吃）

裁缝掉剪子——落个尺（吃）

裁缝掉了剪刀——光剩尺（吃）

裁缝掉了剪刀——光落尺（吃）啦

裁缝掉了剪刀——光靠尺（吃）

裁缝掉了剪刀——落个尺（吃）喝

裁缝掉了剪子——光尺（吃）啦

裁缝掉了剪子——光落个尺（吃）啦

裁缝掉了剪子——光剩尺（吃）

裁缝掉了剪子——光顾尺（吃）了

裁缝丢剪刀——只剩尺（吃）了

裁缝丢剪刀——只有尺（吃）了

裁缝丢剪子——光落个尺（吃）了

裁缝丢剪子——光剩尺（吃）了

裁缝丢了剪刀——光讲尺（吃）啦

裁缝丢了剪子——光尺（吃）

裁缝丢了剪子——光掉个尺（吃）了

裁缝丢了剪子——光剩下尺（吃）了

裁缝丢了剪子——剩尺（吃）

这虽然不失为一种解决问题的方案，但还不能认为很理想。要知道，上述诸条相互之间的差异并非整齐划一，处理上自然应有所分别。——这种"区别"的处理，说到底，就是固定语的同一性即固定语位的问题。

3.2 固定语位的判定

固定语位所要解决的，是不同固定语形式之间的同一性，即，以不同形式存在着的固定语本质上是否属于同一个固定语的问题。

尽管表面上，不同固定语之间表现出来的差别纷繁复杂，似乎难以理出一个清晰的头绪来，但稍作探究的话便不难发现，固定语之间的差别，有些是重要的，具有区别彼此的作用，也有一些，恐怕不那么重要或者根本就不重要——区别性正是固定语位得以最终建立的唯一判断依据。

固定语之间的不同能否具有区别性，须得通过对所在固定语构筑材料的观察来判断。一个固定语的所有构建材料均迥异于另一固定语的话，那么，它们无疑应分属不同的固定语位。如果固定语构筑材料上的分别达不到让人一看就能作出判别，那么，接下来就得看彼此之间这种差异能否使得音义上具有区别性——有的话，可归为不同的固定语位；没有的话，就宜归纳成同一个固定语位。

据观察，固定语形式之间的差别表现主要有如下的几种情形。

A 类，构成固定语的全部成分都不同。比如：

添油加醋	井底之蛙	碍手碍脚	朝三暮四	悲欢离合
吃里扒外	小菜一碟	酒囊饭袋	前所未有	倒背如流
背黑锅	尚方宝剑	争金夺银	亲朋老友	升级换代
摸爬滚打	郎才女貌	左邻右舍	电闪雷鸣	尖嘴猴腮
南来北往	久拖不决	茶余饭后	死记硬背	头重脚轻
未婚先孕				

该类中的固定语，由于构成成分完全不同，从而使得彼此音义上

的区别性十分明显，不消说，它们都典型地成为了不同的固定语位。

B 类，固定语所采用的构筑成分完全相同，差别之处仅仅在于，它们在各自固定语中的先后顺序不同。比如：

东南西北：东西南北

龙飞凤舞：凤舞龙飞

妻离子散：妻散子离

虎踞龙盘：龙盘虎踞

鹅行鸭步：鸭步鹅行

鳞次栉比：栉比鳞次

同样成分组成的固定语容易给人一种印象，以为它们的语音应该是相同的，或者至少也应该是相近的。其实不然，虽然成分相同，但不同的组合顺序使得它们语音上明显不同。拿"东南西北"与"东西南北"来说，前者的语音形式是 dōngnán-xīběi，后者语音形式则不同，是 dōngxī-nánběi；而且，对注重语序的汉语来说，组成成分顺序的不同恰是语言单位生成的重要途径之一。对于它们，处理上可以比照着"演讲"与"讲演"、"感情"与"情感"[①]等情形，将它们看成互不相同的两个固定语位。

C 类，固定语之间的组成材料"大异小同"或者"异同各半"，前者比如，"街头巷尾：街坊邻居"、"二话不说：独一无二"、"亲朋好友：亲痛仇快"、"势不两立：势单力薄"等；后者比如，"一言为定：一言九鼎"、"急中生智：人急计生"、"人穷志短：小人得志"、"胆战心惊：破胆寒心"等。对于这些，社会判断上较为容易把握，将它们分别看成不同的固定语位不至引起什么争议。——个中原因在于，占去所在固定语一半及以上构筑材料上的不同足以表明这一点。

D 类，除却上述提及的三种情形之外，还有相当数量的固定语，彼此之间构筑材料上仅仅是"大同小异"。——这一部分恐怕正是固定语位判断所面临的重要分析对象。

---

① 刘叔新先生将它们分析成不同的词位。有关分析见其所著《汉语描写词汇学》（商务印书馆，1991）。另外，《现代汉语词典》（第 5 版）也将它们当作不同的条目分别列出。

D₁类：

乱七八糟：乌七八糟、污七八糟

揠苗助长：拔苗助长

走马观花：走马看花

一挥而成：一挥而就

舍本逐末：舍本从末

舍生存义：舍生取义

数见不鲜：屡见不鲜

天渊之别：天渊之隔

望尘莫及：望尘不及

名不虚传：名不虚立

迫在眉睫：近在眉睫

转弯抹角：拐弯抹角

该类各组中，固定语构成上的不同都集中在某一个成分上（见加·部分），而且，这些不同成分之间往往还具有义同、义近或义通等等关系："乱"、"乌"、"污"、义通，"揠"、"拔"、义同，"观"、"看"义同，等等。这种情况下，是否可以考虑把它们当作同一个固定语位来看呢？似乎还不能这样来处理。要知道，这个别的不同足以使得各自所在的固定语于音义上得以相互区别开来；而且，不同成分间的同义、近义关系恰巧反证了它们都应该是不同的语言单位。显然，该类都是构成上存在差异的不同的固定语位——因为意义上十分近同而成了语言中的同义、近义固定语。

D₂类：

见仁见智：仁者见仁，智者见智

过街老鼠：老鼠过街——人人喊打

类聚群分：物以类聚，人以群分

成王败寇：成者为王，败者为寇

金玉败絮：金玉其外，败絮其中

运筹决胜：运筹帷幄，决胜千里

星火燎原：星星之火，可以燎原

前车之鉴：前车之覆，后车之鉴

博导：博士生导师

长二捆：长征二号捆绑式火箭

上述各组固定语中，固定语之间具有这样的关系：构成固定语的所有成分为另一固定语所包含（成分之间的排列组合随着固定语的不同而不同）。前者都以后者为基础，是在后者的基础上产生出来的，这才使得当中的所有构成成分全为后者所包含。前者为后者所包含，这说明彼此具有源生上的关系，并且是这种关系存在的证明。从它们各自的构成材料来看，彼此之间差异明显。"类聚群分"由"类"、"聚"、"群"、"分"这些汉语素材组成；而构成"物以类聚，人以群分"的汉语素材则明显有别于它。它们应该是不同的固定语位当属无疑。

D_3 类，固定语之间的不同表现在某个或某些成分的有无上（见加•部分）。比如：

a 类：

尔汝之交：尔汝交

分我一杯羹：分我杯羹

敢怒而不敢言：敢怒不敢言

南柯一梦：南柯梦

含笑于九泉：含笑九泉

一言以蔽之：一言蔽之

无敌于天下：无敌天下

欲速则不达：欲速不达

后来者居上：后来居上

成一家之言：成一家言

b 类：

不分青红皂白：不分皂白

旧瓶装新酒：旧瓶新酒

独木不成林：独木不林

依样画葫芦：依样葫芦
锅碗瓢盆勺：锅碗瓢盆
油盐酱醋茶：油盐酱醋
临时抱佛脚：抱佛脚
如堕五里雾中：五里雾中
惶惶不可终日：不可终日

D₃类固定语之间的差别虽然表面上都在个别或部分构成成分的有无上，但是，细究起来，其中各小类的情况又不完全相同。

a组中，"我有你无"的成分都是虚词（比如"之"、"而"等）或是不表具体实义的"一"等。虚词性成分本身并不表达词汇意义，仅只是表示某种语法关系，它们在固定语中并不承担表义任务，而且，少了它们后，固定语的语法关系和语义表达都无任何改变。就是说，"之"、"而"、"一"等成分的有无并没有使彼此得以区别开来——它们不具有区别性。因此，该小类中的固定语应该归为同一个固定语位较为合适。

b组与上述的a组略有不同，彼此相差的成分不是虚词而是表达具体意义的实词，比如，"旧瓶装新酒"中的"装"、"独木不成林"中的"成"、"依样画葫芦"中的"画"等。照理，实词性成分是所在固定语意义形成中的有机组成。实词性成分的空缺，多少会影响到所在固定语的意义，可是，由于空缺的实词性成分的意义实际上已经融化在余下的其他各成分中，并完全能由其他成分的意义表达出来，这么一来，成分空缺而应该表达的意义却并没有受到任何的影响，意义上未见有丝毫的变化。它们形成的只是一个固定语位，相应的固定语只能认为是同一固定语位的不同变体。

D₄类：

黔驴技穷：黔之驴
七步成章：七步之才
金悬秦市：金悬秦阳
临深履薄：临渊履冰

放虎归山：放虎遗患

并驾齐驱：齐足并驱

该类各组固定语共属同一语源，构成成分上难免有重合之处[①]，像"黔驴技穷"与"黔之驴"、"金悬秦市"与"金悬秦阳"等。不过需要注意的是，同一语源的不同语言表达形式，不会因为来源相同而彼此就自然互为同一，成为一个固定语位。要是这样的话，那么，像"煮豆燃萁"、"豆萁相煎"、"相煎何急"、"相煎太急"、"同根之煎"等就都只能看作同一个固定语位了，而这样处理明显有违社会的普遍认识。能不能算作不同的固定语位，关键在于，存在着的相异的成分能否使得彼此具有区别开来的作用。对照这样的标准来看，上述各组的前后固定语都分属不同的固定语位。

D₅ 类：

一表人才：一表人材

一面之词：一面之辞

辞严义正：词严义正

逆天背理：逆天悖理

俯首帖耳：俯首贴耳

莫名其妙：莫明其妙

毕恭毕敬：必恭必敬

打躬作揖：打恭作揖

晴天霹雳：青天霹雳

由衷之言：由中之言

诘屈聱牙：佶屈聱牙

不同固定语的差异之处在于同音异形上（见加·部分）[②]，像"才"与"材"、"词"与"辞"等同音异形词的性质本身就等于在表明，它们的存在必然会使固定语之间表现出差异性，因为，同音词自身的意

---

① 同一语源，同一个故事，它本身所包含的内容是多方面的，可以从不同的角度，各取所需的一点，概括、生发出许多不同的含义。表达不同含义的固定语形式之间，也可能毫无相同之处，比如"七步之才"与"相煎何急"等。

② 也包括一小部分音近的用例。

义原本就不应该相同。是以，它们也只能看作分属不同的固定语位。

D$_6$类，不同固定语之间的差别仅只表现为书写形式上的不同（见加·部分）。比如：

图穷匕现：图穷匕见

一塌糊涂：一塌胡涂

直截了当：直捷了当

萎靡不振：委靡不振

诺诺连声：喏喏连声

天真烂漫：天真烂缦

唯利是图：惟利是图

这一类中，各组相异的成分如"现"与"见"是古今字，而"糊涂"与"胡涂"则是典型的异形词，它们的不同仅仅是书写形式上的，至于音义方面，彼此则毫无二致。这就是说，固定语之间的这种差别与所谓的固定语位没有任何关系。——实际上，它们是汉语中的异形固定语，是需要加以明确规范的对象。

3.3 歇后语的同一性问题

谈到固定语位，占其中重要部分的歇后语却不能不加涉及。歇后语由于其音节形式较长，加之它们主要源出于民间的口头创作，因此当中的情况要稍复杂些。对于那些构成成分分明不同的单位，比如"狗拿耗子——多管闲事"与"肉包子打狗——有去无回"等，可以非常容易地判断出它们分属于不同的固定语位。让人拿不准的部分主要集中在那些高度相似的单位上。概括地看，这些部分主要有以下一些。

E 类：

孔夫子搬家——尽是书（输）

孔夫子搬家——净是书（输）

孔夫子搬家——尽书（输）

孔夫子搬家——净书（输）

码头工人扛麻包——难回头
码头工人扛麻包——回头难

八仙过海——各显神通
八仙过海——各显其能

拔草引蛇——自讨苦吃
拔草引蛇——自找苦吃

霸王别姬——奈何不得
霸王别姬——无可奈何

白天盼月亮——甭想
白天盼月亮——莫想
白天盼月亮——休想

赶场走进死胡同——行不通
赶场走进死胡同——走不通

麻绳打毛衣——乱联系
麻绳打毛衣——乱牵扯

F类：
八月十五的月亮——正大光明
八月十五的月亮——年年都一样

半空中骑马——腾云驾雾
半空中骑马——露了蹄

麻杆搭桥——难过

麻杆搭桥——担当不起

麻秸抵门——经不起推敲

麻秸抵门——难撑

G 类：

水牛吃活蟹——有劲使不上

张飞捉蚂蚱——有劲使不上

大炮打蚊子——大材小用

总统当知县——大材小用

千里马拉犁耙——大材小用

童养媳当媒人——自身难保

泥菩萨过江——自身难保

理论上说，解决歇后语同一性问题与解决其他固定语同一性问题毫无二致。只是，考虑到歇后语结构上的特殊性，非常有必要对歇后语的同一性问题作出专门的分析考察。

歇后语结构上由谜面与谜底组成。谜底是对谜面所蕴含意义的一种再揭示，究其本质而言，它是谜面的意义。没有谜底，谜面自身所蕴含的意义不会因此受到任何明显的损失。可以说，谜面相对于整个歇后语意义的表达来说，它是至关重要的。谜底则不然，社会尽可以将它们忽略掉。[1]而且，因为其本身就是一种意义的解释，所以，在遣词造句上就难免十分灵活，比如，相对于谜面"树上的鸟"来说，谜底既可以用"早晚要飞"来解释，又何尝不可以用"迟早要飞"或者"反正要飞"等来解释呢？

正因如此，对歇后语同一性的考察，不应该将属于意义解释部分

---

① 不出现谜底的歇后语如"过街老鼠"等，与双层式固定语，像"鹤立鸡群"、"遍地开花"等并无不同。

的谜底考虑进来，也即，应只根据歇后语谜面的种种差异来断定彼此之间是否具有同一性。上述各类歇后语之间的关系因此可分析如下：

E 类各组歇后语的谜面完全一样，所不同的是对谜面意义的表述存在差异。各组歇后语共属同一个固定语位。温端政（2002）等将"八仙过海——各显神通"、"八仙过海——各显其能"当作"异形同义或近义"，是将它们当作不同的固定语位来对待的①，与我们的看法不同。

F 类的情形表面上看与 E 类并无不同，各组歇后语都有着完全相同的谜面。只是，该类中，基于同一谜面而演绎出来的意义不是同一个。同样都以"八月十五的月亮"作为谜面，社会既可以从中演绎出"正大光明"的意义，也可以从中看出"年年都一样"的意义来，而这两种意义显然并不相同。对于它们，应该归为不同的固定语位。②

至于 G 类，虽然各组歇后语的谜底相同，但因为它们的谜面完全不同，所以只能看作不同的固定语位。

不同歇后语谜面上也会存在着种种"大同小异"的情形，上文中列举出的"裁缝店里丢了剪子——净落吃（尺）了"是明显的例子（见3.1）。类似的例子还有：

大闺女生孩子——费力不讨好
大闺女孕孩子——肚里有

大佛殿的罗汉——一肚子泥
大佛殿里的罗汉——满肚子泥

打掉的牙往肚里吞——有苦现不出
打掉了牙往肚里吞——有苦现不出
打掉门牙肚里咽——有苦说不出
打掉门牙往肚里咽——自己毁自己

---

① 同义或近义都只能发生在词位、固定语位之间。同一词位或固定语位内部无所谓同义或近义的关系。

② 这种情况很类似于同音词，而谁也不会认为同音的几个词是同一个词位。

　　打掉牙巴往肚里吞——有苦说不出

　　打掉牙齿含血咽——疼痛难言

　　打掉牙齿往肚里吞——有苦难言

　　打掉牙吞肚里——有苦说不出

　　打掉牙往肚里吞——忍气吞声

　　打掉牙往肚里咽——有苦不露

　　打掉牙往肚子里咽——有话说不出来

对于它们同一性的判断可比照着 3.2 节的有关分析来进行，此不再赘述。

3.4　固定语位变体的类型

　　通过上述的分析梳理，大致明白了什么情况下的不同固定语应该被归为同一个固定语位、什么情况下的固定语又应该被当作不同的固定语位来对待。归作不同固定语位的，这自不必多言。那些归入同一个固定语位的不同固定语，都自然成了该固定语位的不同变体。

　　固定语位的变体应该既有语法上的，也有词汇上的。不过，从所能找到的语言事实来看，前一种的情形并没有发现——所有的变体都只是词汇上的。而词汇性的变体主要包括语音变体、语义变体两类。前者只是语音上的不同，但语音的不同并未造成意义表达上的差异，像"含笑九泉：含笑于九泉"、"油盐酱醋茶：油盐酱醋"等，都属于这一类；后者只是意义上的不同，E 类各成员就基本上属于这种情况（详见 3.3 节 E 类）。

§4 固定语的内部形式

4.1　固定语的内部形式

内部形式是相对于词语的外部形式，即"音流形式和构造形式"（刘叔新，1990）而言的。

固定语的内部形式，一如词，是用来展现自身意义的方式，是意义在最初形成时反映对象特点所采取的形式。比如，"补白"是一个词，它的"报刊上填补空白的短文"这一意义便是通过"填"的"填补"义和"空"的"空白"义合在一起的"填补空白"表现出来的，"填补空白"就是该词在意义最初形成时用以支撑它存在的关键，是内部形式。固定语的情况亦与此相仿佛。拿"怒火中烧"来说，它借由"愤怒的火在心中燃烧"这一对所指说对象最初特征的描述——内部形式，将"愤怒的情绪非常激烈"这一意义展现出来。[①]

几乎所有的固定语都有各自的内部形式，并通过它们将意义展现

[①] 内部形式习惯上用于指说词，只提"词的内部形式"，而大多不太关心固定语的内部形式问题，似乎只有词才具有内部形式。实际上，这是一种误解。词的意义最初形成时反映对象特点所采取形式的情形，在固定语中同样存在。

出来。歇后语、成语的情况自不待言，就是惯用语如"升官发财"、"好大喜功"、"有求必应"、"品学兼优"等也莫不如此，所不同的只是内部形式的具体性质不同而已。词的情况则有相当的不同。不少单音节词的内部形式，比如"人"、"走"、"天"、"地"、"水"、"以"、"一"、"已"、"山"、"心"、"手"等，已经很难为社会发掘出来——所含的内部形式可能已经永远地尘封于历史中了。单纯词中的一部分像"例子"、"孩子家"、"老油子"等，音译词中的一部分像"咖啡"、"沙发"、"的士"、"芭蕾"等，也都不存在内部形式的问题。

内部形式与词语意义在词语结构中处于不同的层面，前者由于展现后者而同词语的意义发生着各种联系。只是，展现本身不等于展现结果，二者不能混同。

（1）内部形式是通过反映或选择性地反映对象特点而采取的形式，而词语意义则大多体现了所指对象的概念，反映出了所指对象的本质特征与一般特征。王振昆（1983）就它们之间的这种区别曾作过分析，认为"（词汇意义）是客观事物在人们意识中的抽象和概括的反映，它概括了事物的全部特征和人的认识"，而"内部形式却只反映了事物的某个特征"。比如"讲师"，"讲课的老师"是它的内部形式，而其意义则是"高等学校中职别次于副教授，高于助教的教师"，前者仅仅展现出该词意义中的一个侧面而已。又比如"缘木求鱼"，其内部形式"爬到树上找鱼"着眼于所指对象的具体特征，可所表达的意义"比喻方向、方法不对，一定达不到目的"是就本质而言的，彼此之间表现出来的差别更大。

（2）内部形式重在关注所指对象表现出来的特征在词语理性意义里的落实情况，而词语意义除却在概念基础上形成的理性意义之外，还可能包括诸如感情、态度、评价、形象、语体、风格、语气、格调等表达色彩。（刘叔新，1990：187～203）

（3）内部形式所要做的，就是从人们对客观对象形成的认识中选取出一定方面的内容，即反映出来的客观对象的特征，而后凭着它让社会能与客观对象联系起来，并且还是凭着它，能形成关于该客观对象的意义。会存在这样的情形：选择用以形成词语内部形式的方面恰巧同时成为词语意义形成的全部基础。比如"国营"，它的内部形式是

"国家经营"，而这同时也是它的理性表达意义。这类情况的存在表明，内部形式可以直接明了地展现出它们的意义，可它并不意味着，词语的内部形式等同于词语的意义。同理类推，只部分展现词语意义的内部形式也难以被看作一种"被简化了的词汇意义"①。

（4）同一个内部形式凭借各种方式而可能展现出多个意义，比如"流水账"，内部形式可以表述成"如流动的水一样的记账方式"，用它展现出来的意义有二：每天记载金钱或货物出入的、不分类别的账目；比喻不加分析只罗列现象的叙述或记载。要是将内部形式同所展现出来的意义同等对待的话，岂不会出现相同的内部形式对等于不同的几项意义？而这显然有悖于常理。

此外，还有一部分词语，只有词语意义但没有内部形式，比如"鹦鹉"、"家"、"咖啡"、"沙发"、"艾滋"、"拜拜"等，这就更加无法将内部形式当成词语意义来看待了。

4.2 成语（双层式固定语）的内部形式

成语的双层意义中，表层意义以具体展现出来的景象曲折地反映客观对象的特征，是成语意义最初形成时所采取的形式。因此，通常情况下它就是成语的内部形式。②

4.2.1 从构成成分反映所指对象的特性来看，成语内部形式存在着完整式与非完整式的区别。

4.2.1.1 成语各组成成分分别反映了客观对象不同方面的特点，都参与了所在内部形式的形成。离开了其中的任一个成分，内部形式的表述就不完整，甚至根本就不知所云。这是完整式。"鹤立鸡群"靠

---

① O.Л.叶尔玛科娃、E.A.泽姆斯卡娅在回答"内部形式是不是词的被简化了的词汇意义呢"这一问题时指出："一定程度上看来是这样的。"（《构词法和词的内部形式的比较研究》，《语言文学论集》（三），1987）。

② 字面意义（表层意义）由各构成成分字面上的意义连缀起来而得。它并不要求必须同各自所表达的意义关联着。这一点与内部形式恰成相反。——内部形式是各自意义借以展现出来的具体形式，同词语的意义存有千丝万缕的联系。

当中的四个构成成分"鹤"、"立"、"鸡"、"群"共同形成"鹤立在一群鸡中"这样的内部形式;"胸有成竹"凭着"胸"、"有"、"成"和"竹"形成"胸中已经有现成的竹子存在"这一内部形式。以下就是这方面的例子:

一–针–见–血	杀–鸡–取–卵	过–河–拆–桥	打–草–惊–蛇
九–牛–一–毛	与–虎–谋–皮	瑕–不–掩–瑜	南–辕–北–辙
罄–竹–难–书	悬–梁–刺–骨	得–鱼–忘–筌	隔–靴–搔–痒
明–察–秋–毫	怒–发–冲–冠	白–驹–过–隙	鹊–巢–鸠–占
引–狼–入–室	剖–腹–藏–珠	削–足–适–履	抛–砖–引–玉
张–口–结–舌	缘–木–求–鱼	横–冲–直–撞	扬–汤–止–沸

4.2.1.2 有些成分出于成语结构上的考虑而拼凑上去,它们没有反映对象的特征,在内部形式形成中不起什么作用。比如"众矢之的"、"燃眉之急"中的"之"就是这种情况,是赘词。另一些虽然不能笼统地认为是赘词,因为它们在构成成分中表示着某种连接的语法作用,比如"待价而沽"中的"而"表示前后连接的目的关系等,不过,揭示出的这种关系无法用于指明对象的实质,与内部形式的形成无关。下面是一些成语内部形式不完整的具体例子(见加•部分):

引玉之砖	井底之蛙	一丘之貉	丧家之犬	瓮中之鳖
癣疥之疾	黔驴之技	象牙之塔	绣花枕头	问道于盲
玩弄于股掌之上		不翼而飞	不胫而走	沐猴而冠
食言而肥	牵一发而动全身		大杖而走	

4.2.2 若所指对象的特点被成语的构成成分具体地展现出来,这是体现式;若客观对象的特点被组成成分充分展现出来的同时还明显地附带有生动性、形象性,这是显示式。以下是这两类的具体分析。

4.2.2.1 体现式。如:

A 类

清一色	上轨道	乌鸦嘴	引路人	坐冷板凳
小媳妇	暗无天日	百川归海	百炼成钢	半路出家
背道而驰	背水一战	病入膏肓	捕风捉影	不痛不痒

步人后尘　春风化雨　大梦初醒　单刀直入　　登堂入室
敝帚千金　重蹈覆辙　白璧微瑕　板板六十四　木已成舟
盲人摸象　井底之蛙　明日黄花　投井下石　　入木三分
滥竽充数　问道于盲　刻舟求剑　夸父追日　　指鹿为马
南柯一梦　画蛇添足

B 类

条条-框框　暗礁-险滩　傲雪-欺霜　拔本-塞原　跋山-涉水
百孔-千疮　抱火-寝薪　暴虎-冯河　背本-趋末　闭目-塞听
藏垢-纳污　尺短-寸长　灯红-酒绿　山穷-水尽　木本-水源
凤毛-麟角　泰山-北斗　龙潭-虎穴　牛鬼-蛇神

C 类

泰山-鸿毛

D 类

如数家珍　如获至宝　如丧考妣　如出一口　如出一辙
如雷贯耳　如临大敌　如梦方醒　如日中天　如火如荼
如胶似漆

E 类

一五一十　低三下四　丢三落四　　说三道四　五花八门
四面八方　七上八下　八九不离十　十万八千里
不管三七二十一　　　一退六二五

F 类

下里巴人　阳春白雪　柴米油盐　衣食住行

A 类，成语各构成成分形成的整体是体现式的，用以体现字面意义的是整个成语的各个组成成分。为成语所概括在内的某种事件或现象，其中包括历史故事、神话、寓言、传说等从整体上形成了它字面上的意义。"木已成舟"的各个部分参与形成"木头已经做成了船"，这就是它的内部形式。"盲人摸象"的内部形式是概括在当中的被浓缩了的有关瞎子摸象的寓言，都成了它的组成部分。"清一色"指打麻将时由一种花色组成的一副牌，"步人后尘"指跟在别人的后面走，"背水一战"指背对着水来作战，等等。

而 B 类则不然，前后分出的两个部分分别采用体现的方式，是"体现式+体现式"，从不同的侧面来表明所指对象的特性，整个成语也因此是体现式的。由于不同组成部分各从不同角度表明了所指对象大体相同的特性，使得表明出来的对象特性，B 类要较 A 类得到更进一步的强调、突显。

C 类中前后分出的两个部分都各自反映对象的特性，只是这种反映属于不同的方面，整个内部形式需要综合这两个部分后才算完整。"泰山鸿毛"的内部形式由"泰山"的"如泰山（一样重）"和"鸿毛"的"如（大雁的）毛（一样轻）"合于一起构成。

D 类与其他各类略有些不同，组成成分中除了表征部分之外，还出现了喻词"如"、"似"等——既不表征，也没有表示对象的任何其他实质。它们的出现不会对所在成语中的其他表征部分构成什么影响，或者说，并没有影响对所指对象的表征。该类同上述的 A 类没有任何分别，也同样是体现式的。

E 类将客观对象存在的各种特点通过数字描写的形式展现出来，这就不只具体，而且还很精确。F 类凭借指说某个或某类对象来表现对象的种种特点，这里所凭借的对象总是十分具体。"阳春白雪"中的"阳春"和"白雪"分别是两首不同乐曲的名称，"柴米油盐"所指说的四类对象也同样都非常具体。

4.2.2.2　显示式。比如：

A 类

挨板子	翘尾巴	炒鱿鱼	雾里看花	软刀子
有色眼镜	抱薪救火	百花争艳	杯水车薪	闭门造车
遍地开花	并驾齐驱	剥茧抽丝	趁热打铁	量体裁衣
胸有成竹	出污泥而不染		穿针引线	吹毛求疵
垂涎欲滴	打草惊蛇	得鱼忘筌		

B 类

闭月-羞花　冰清-玉洁　蚕食-鲸吞　藏龙-卧虎　沉鱼-落雁

捶胸-顿足　春兰-秋菊　大刀-阔斧　大风-大浪　单枪-匹马

抵背-扼喉　木雕-泥塑　木人-石心

C 类

明枪-暗箭　虾兵-蟹将

D 类

如鸟兽散　如鱼得水　如臂使指　如汤沃雪　如蚁附膻

如影随形

A 类整体上显示对象的特点,而 B 类则是通过不同的两个部分对大体相同的特性作不同侧面的反映,反映出来的有关对象的特性因而比前一类明显。C 类的情况稍有不同。"明枪暗箭"的内部形式是由"明枪"的"明处的枪"和"暗箭"的"(躲在)隐蔽处的箭"合于一起构成。"虾兵蟹将"中的"虾兵"是"像虾一样的兵","蟹将"是指"像蟹一样的将领",联合这二者而成的"如同虾蟹一样的兵将"才是"虾兵蟹将"所表现出来的内部形式。D 类情况同于 A 类,只不过是多了一个喻词而已。

以上分析的体现式与显示式仅仅是成语内部形式中的基本类型。实际上,单纯地用具体的(体现式)或形象的(显示式)来概括成语内部形式反映客观对象特点的过程是不全面的。成语内部形式反映客观对象的特点,还会存在这样的情形:体现式与显示式相互交错,体现式或显示式与表实质的部分相互并列,表现出来的情况异常复杂。可以列出的还有:

4.2.2.3　体现式+实质式:一部分具体地反映对象的特性,而与之组成的另一部分是表实质性的,直接表明所指对象的特性。比如(划线部分是"体现式"或"显示式"。下同)[①]:

暗箭伤人　黑白分明　饱经风霜　本末倒置　不拘绳墨

[①]　由于显示式或体现只是所在固定语中的一部分,所在的这些固定语能否看作成语还有待作出进一步的判断。此处列出的固定语,在我们看来都是有资格当作成语的部分。有关判断的讨论见拙文《意义的双层性及其在成语惯用语划分中的具体运用》(《南开学报》,1998,4)。

不露圭角　不落窠臼　重见天日　大发雷霆　吃粉笔灰

4.2.2.4　显示式+实质式：一部分形象地反映对象的特性，另一部分直接表明对象的实质。比如：

眼中钉　肉中刺　冰炭不相容　残渣余孽　唇齿相依

4.2.2.5　显示式+对象：成语构成中的一部分是显示式，另一部分不再表明对象的实质而是直接点出所表明的对象。例如（加下划线部分是显示式，加黑点部分是所表明的对象。下同）：

目光如豆　易如反掌　冷若冰霜　归心似箭　口若悬河

对答如流　恩重如山　人为刀俎，我为鱼肉

4.2.2.6　体现式+对象：构成中的一部分是体现式，另一部分表明了所指说的对象。比如：

行同狗彘　味同嚼蜡　众志成城　聚蚊成雷

4.2.3　成语内部形式主要通过表征的方式来反映对象的特性，表征出的内部形式因为反映具体、反映形象生动而通常会在人们的脑海中构成一种意象。"成语中的意象，是一种'表意之象'，是一种以隐喻、示现、象征为主要方式而表达人对对象的特定性状特征的体验的建构性图像。"（周光庆，1994）

成语内部形式形成的意象绝大部分是单式的，即只有一个意象。比如"守株待兔"展现出"一个人正守在树桩边等着兔子过来撞"这样一幅图景，"开后门"具体展现出"一个人去开房间的后门"的图景，等等。类似的成语不少：

跛鳖千里　成竹在胸　重蹈覆辙　单刀直入　戴盆望天
八字大开　拔苗助长　百足之虫，死而不僵　班门弄斧
包打天下　杯弓蛇影　背本趋末　笨鸟先飞　调虎离山
顶天立地　独木难支　绠短汲深　断线风筝　对牛弹琴
脱胎换骨　飞蛾扑火　独辟蹊径　独树一帜　对症下药
丢卒保车　东施效颦

当然，也有不少成语，内部形式形成的意象是双意象的，能展现出两幅不同的图景。比如"跋山涉水"，其中的"跋山"展现出"人在山间

艰难行走"的图景，"涉水"展现出"人踏水前行"的景象，分明存在着两种不同的景象。类似的情形还有一些（意象之间用-隔开）：

拔丁-抽楔	半斤-八两	别鹤-孤鸾	摧眉-折腰	箪食-壶浆
刀山-火海	翻江-倒海	得陇-望蜀	东鳞-西爪	东食-西宿
杜口-裹足	翻云-覆雨	废寝-忘食	分斤-掰两	分庭-抗礼
叠床-架屋	豆剖-瓜分	残垣-断壁	鹅行-鸭步	翻山-越岭
飞沙-走石	飞檐-走壁	肥马-轻裘	魑魅-魍魉	

此外还有像"牛鬼蛇神"、"鳞凤龟龙"等则是多意象的，不过这种情况不是十分常见。

成语的意象因反映对象特征上的差异而大体存在清晰与一般的分别。像"刀山火海"、"飞沙走石"等的意象十分鲜明，而如"分斤掰两"、"东食西宿"、"别鹤孤鸾"等就稍显差一些，或者至少不及前者那么鲜明。

4.2.4　成语内部形式表明对象的特征，周光庆（1994）概括出了12个类型，它们是：神情·姿态类，如"高视阔步"等；行为·作风类，如"顺水推舟"等；方式·途径类，如"浑水摸鱼"等；物象·形态类，如"出水芙蓉"等；氛围·态势类，如"风卷残云"等；环境·条件类，如"枯木逢春"等；效果·结局类，如"游刃有余"等；品格·属性类，如"官样文章"等；运动·变化类，如"海枯石烂"等；程度·价值类，如"登峰造极"等；对应·关联类，如"投桃报李"等；心性·意愿类，如"胸无城府"等。从特征的内容上给出了不同的类别。

4.2.4.1　所指对象特征表明出来的性质，有物象、动象、状态等几种不同的情形。而且，各类根据反映对象特性的方式还能进一步区分出形象性较强的显示式（见下列各类中的 2 式）和较弱的体现式（见下列各类中的 1 式）。下面是有关分析。

A，内部形式呈现出来的是一种物象，是对物象的具体描绘。比如，"井底之蛙"的内部形式是"水井底下的青蛙（只能看到井口大小的天）"，展现出来的图景具体而有趣，使人好像看到了水井底下一只青蛙的具体情景，凭它表现"所见有限"的意思。其中的两类情形很突出：

A₁

表明文章	第三世界	独立王国	狗头军师	官样文章
光杆司令	过河卒子	过路财神	空头支票	跳梁小丑
地方粮票	后勤部长	后台老板	冷血动物	连锁反应
外交辞令	小媳妇	九牛一毛	行尸走肉	南辕北辙
断线风筝	绣花枕头	害群之马		

A₂

一盘散沙	马前卒	银样镴枪头	中流砥柱	棉花耳朵
糖衣炮弹	挡风墙	一丘之貉		

B，内部形式展现出来的是一种动象，是对动作本身作出的一种具体描绘，比如"囫囵吞枣"的表层意义，表明一种动作：不经过细嚼慢咽就将枣吞下肚。

B₁

不痛不痒	七上八下	东拼西凑	东食西宿	东张西望

B₂

土崩瓦解	大吹大擂	冰消瓦解	蚕食鲸吞

C，内部形式展现出所指对象的某种性质状态，是对所处性质状态的一种具体描绘，比如"犬牙交错"表明这样一种状态：如同狗的牙齿一般参差不齐。再比如：

C₁

不三不四	乱七八糟	三心二意	八面玲珑	不稂不莠

C₂

手忙脚乱

D，内部形式是对事件、过程等的叙述性展现。比如"与虎谋皮"，其内部形式是"同老虎商量着获取虎皮"，这展现的是一种过程。这当中包括的类型主要有：

D₁

半路出家	白手起家	摆龙门阵	唱高调	吃后悔药

打小报告	喝西北风	力挽狂澜	川流不息	寸步难行
惜墨如金	罄竹难书	小题大做	养痈遗患	青出于蓝

D₂

过河拆桥	杀鸡取卵	打草惊蛇	引火烧身	火中取栗
旧瓶装新酒	风卷残云	天花乱坠		

4.2.4.2 成语内部形式表明所指对象的特点,有些是对所指说对象特点的一次性表征,也有些则从不同角度、不同方面对所指说对象特点进行多次(一般是二次)的表征。根据表征对象特性的这些不同情况,全部成语的内部形式可以区分出单纯式和重合式两类。前者为单纯式,后者为重合式。

A,单纯式。其中又包括互有差异的结合式与描述式。

A₁,成语组成前后部分体现出各不相同的两个意象,它们结合起来才能完整表征对象的全部特性,这是结合式。比如"虾兵蟹将",分出的"虾兵"、"蟹将"分别用以指"像虾一样的士兵"、"像螃蟹一样的将领",体现出不同的意象,可这两个部分只有合起来才是对对象的完整表述,它们是结合着的。"文恬武嬉"、"明枪暗箭"、"和风细雨"等的情况与此类似。另有个别成语,结合着的部分不只是两项而是多项,如"之乎者也"、"牛鬼蛇神"等。

A₂,成语组成成分只体现出整体上的一个意象,并通过它来表征对象的特性。"落井下石"透出的意象是:有人掉在井里,人们不但不相救反而往井里扔石头。通过这一由成语整体体现出来的意象非常形象地表征出了"乘人之危加以陷害"的意义。单纯式中的这一类型最为多见。以下是其中很少的一部分:

雪中送炭	满腹经纶	满城风雨	井底之蛙	隔靴搔痒
顺手牵羊	寄人篱下	问道于盲	拾人牙慧	打落水狗
开后门	炒鱿鱼	喝西北风	另起炉灶	一掷千金
白驹过隙	石投大海	泾渭分明	鹏程万里	双管齐下
鱼龙混杂	削足适履	借刀杀人	借花献佛	不三不四
小题大做	力挽狂澜	釜底游鱼		

B, 重合式：成语分出的不同部分是对所指对象特点的多次表征，只是这种多重表征所表征出对象的特性是相同的。比如"魑魅魍魉"中的"魑魅"指传说中山林里能害人的妖怪，而"魍魉"也指传说中的怪物，它们各自体现出的意象虽然不同，可是用以表征出对象的特性却完全一样，可以说，成语后半部分的"魍魉"表征上是对前半部分"魑魅"的重复，也是对所表征对象特性的再一次强调。这样的情况也不少：

轻描淡写	旁敲侧击	摧枯拉朽	铢积寸累	根深蒂固
翠绕珠围	肩摩毂击	临深履薄	鸠形鹄面	探赜索隐
秦楼楚馆	钟鸣鼎食	鳞次栉比	凤毛麟角	星罗棋布
前呼后拥	狼吞虎咽	龙飞凤舞	煮鹤焚琴	衔环结草
牛鬼蛇神	婆婆妈妈			

需要指出，虽然一般情况下，重合式同语法结构上的并列结构相互一致（像"轻描淡写"、"旁敲侧击"、"摧枯拉朽"、"铢积寸累"、"根深蒂固"、"翠绕珠围"等又都是并列的语法结构），但不能因此将不同性质的这二者混为一谈。重合式针对内部形式表征对象性质的情形来说，而并列关系在于指明组合的不同部分之间语法地位上相互平等。这样，语法上并列的不同部分在内部形式上就不一定是重合式，比如"藕断丝连"，"藕断"与"丝连"相互并列，可并列的每个部分并不能完整地表征出对象的特性，唯有将这二者合在一起才能表征出对象的特性，内部形式其实是单纯式的。类似这样结构并列而内部形式并非重合的成语还有"七上八下"、"临渴掘井"、"推三阻四"、"蹿房越脊"等。

4.2.5 成语内部形式反映所指对象特点而采用的方式，总体上包括单式与复式两类。前者表明，所在成语的内部形式通过一种方式而实现对客观对象特点的反映和概括，它具体包括喻指式、借指式、引指式等。复式相反于单式，成语的内部形式凭借着不只是一种的方式来实现，其间也存在有多种不同的组合情形。

4.2.5.1　单式

（1）喻指式

一，从比喻所指对象特性的不同方面可以把它分出单喻式、重喻式以及借喻式等三种。

A，整个成语都用作喻体，这是单喻式。比如，"遍地开花"的内部形式是"到处都开着花"，而它刚好与"好事情到处出现或普遍发展"的内容有着性质上的类似，所以被整个用来当作后者的喻体对待。成语中类似的例子还有：

守株待兔	刻舟求剑	运斤成风	程门立雪	黄粱一梦
一发千钧	首鼠两端	开门见山	蜀犬吠日	唇亡齿寒
骑虎难下	老马识途	滥竽充数	指鹿为马	投井下石
入木三分	马首是瞻	风云变幻	蚍蜉撼树	破釜沉舟
负荆请罪	穿小鞋	开后门	开绿灯	半瓶醋
擦屁股	墙倒众人推			

成语表征对象特性采用的是不是单喻式，一般都容易作出判断。不过有些情况掺杂着各种因素，判断起来麻烦些。比如：

如数家珍	如鸟兽散	如虎添翼	如获至宝	如丧考妣
如鱼得水	如日方升	如牛负重	如臂使指	如出一口
如出一辙	如堕五里雾中		如堕烟海	如风过耳
如箭在弦	如解倒悬	如狼牧羊	如雷贯耳	如临大敌
如梦方醒	如日中天	如入无人之境		如汤沃雪
如蚁附膻	如影随形	如泣如诉	如痴如醉	如花似玉
如狼似虎	如饥似渴	如火如荼	如胶似漆	

这些成语，只有其中表示明喻的"如"或者"似"等不是喻体的组成，除此的内容则都属于喻体。这种情况下，可考虑将它们也归入单喻式。如果将单喻式中没有出现喻词的一类称做暗喻式，为暗喻式单喻，那么与之相反的这一类不妨称做明喻式，是明喻式单喻。

B，成语中分出的前后两部分分别通过比喻的方式来曲折地反映对象不同方面的具体特性，这种情况就是重喻式。比如，"虾兵蟹将"

中的"虾兵"用以表明参加战斗的士兵无能，而与之并列的"蟹将"则从另一个角度说明参加战斗指挥的将领无能，显然，"虾兵"与"蟹将"各从不同方面反映对象的不同特性，这不同于整体上作为喻体的单喻式，是重喻式。这类情况不多，能举出的例子还有"明枪-暗箭"、"泰山-鸿毛"等。

C，属于本义的内部形式被借来曲折地反映另一对象的特点，这是借喻式。它与暗喻式单喻类似，不同之处在于，它们往往有个本义同时在起着烘托比喻的作用。例如"拐弯抹角"的内部形式是"（一会儿）拐个弯（一会儿）转个角"，借用来比喻讲话不直截了当，而它的本义"形容走的路曲曲折折"则同时起着烘托的作用。"先天不足"的内部形式是"生下来就不足"，用它来比喻事物的根基差，同时它的本义"指在母体中孕育情况不好，生下来体质就不强"有一种烘托的作用。属于借喻式的这类单位还有一些，像"幕天席地"、"扳道岔"、"唱双簧"、"擦边球"、"绊马索"、"慈禧太后"、"顶梁柱"、"黄牌警告"、"过河卒子"、"冷处理"、"地方粮票"、"后勤部长"、"近亲繁殖"、"冷血动物"、"连锁反应"、"调兵遣将"、"短兵相接"、"泛滥成灾"、"第三世界"等。

有时，本义的内部形式被借用来比喻不只一个对象的特点。"目迷五色"就是例子，它用内部形式"眼睛被五色迷住了"展现"眼睛都看花了"这一本义，但借用做比喻形成的意思却有两个：比喻事物错综复杂，分辨不清；讽喻考官眼力不足，不识真才等。

有必要指出，成语是具有双层意义的一类固定语，典型的成语因为内中没有本义自然也就谈不上存在借喻式的问题。借喻式存在于那些成语惯用语兼属的部分，性质上是"成语-惯用语"的，如 C 类各例所表明的那样。

当然，除了本义的内部形式被借用来比喻另一对象的特性之外，也有将比喻意义的内部形式借用来再比喻其他对象特性的情况存在。比如"细水长流"，其内部形式是"细小的水流长时间地流动"，通过它比喻"一点一滴、持续不断地做某件事"，同样透过它还可以形成"有计划地节约使用财物，使其经常不缺"的比喻义。"南风不竞"的内部形式是"南方的音乐不强劲"，凭之形成的比喻意义包括：比喻衰弱不振；比喻竞赛的一方力不能敌。"光杆司令"的内部形式是指没有一兵一卒的司令，凭它既能展现出"没有下属的负责人"，同时又能展现出"喻指下属离心离德或指挥不动的领导者"，等等。这是借喻式中的另一类。

二，若从成语概括对象特性的实际情况的不同，可以将它们分出确指式喻指、夸大式喻指以及虚构式喻指等三种。

A，内部形式概括了确实存在着或存在过的现象，或者是对现象的真切描写，这些都可以归为确指式喻指。比如，"一五一十"概括的数数的一种方式是确指，它仍然活跃在当今的社会生活中；"负荆请罪"是对存在过的一段历史的真实概括，也是确指；"唇亡齿寒"则是对客观存在现象的真切描述。类似的情形较为多见，以下是其中的部分例子：

一退六二五	三下五除二	不管三七二十一	完璧归赵
得陇望蜀	破釜沉舟	风声鹤唳	草木皆兵	望梅止渴
逢人说项	世外桃源	程门立雪	如鱼得水	如鸟兽散
遍地开花	如获至宝	如饥似渴	走后门	开绿灯
挨板子	碰钉子		

B，通过对客观对象表现出来的特性作出夸张式的描述，这是夸大式。比如，用"十万八千里"来表明"两者之间相差极为悬殊"，其中的"十万八千里"无疑是在夸大；"怒发冲冠"也是在夸大，极言非常愤怒。类似的实例再比如"响遏行云"、"气干云霄"、"气吞山河"、"千钧一发"、"回天无力"、"汗牛充栋"、"九牛一毛"、"天壤之别"、"九霄云外"、"运斤成风"等。

C，概括在内部形式中的现象都不是现实存在着的或存在过的，而是由社会构拟出来的一种假想，它们都是虚构式。比如"七上八下"不是真的指"七个上，八个下"，而只是用这样一种人为的想象来表示心里的不安；"守株待兔"是对一则寓言的概括，也是虚指。这方面的例子也不在少数：

刻舟求剑　愚公移山　　女娲补天　精卫填海　蚍蜉撼树

落井下石　墙倒众人推　不三不四　三长两短　黔驴之技

井底之蛙　戴盆望天　　蜀犬吠日

（2）借指式

A，单借式。成语内部形式是依靠借代的方式，即通过反映与所指对象相关的特性来实现对所指特性的最终反映。"呜呼哀哉"、"之乎者也"即是其中十分典型的两个例子，前者用于借指"死亡或完结"，后者用于借指"半文不白的话或文章"。此外的例子再比如"下里巴人"、"阳春白雪"、"衣食住行"等。

B，重借式。组成的两个部分都是借与所指对象相关的部分来指明对象的特性。这方面的例子甚为少见，"婆婆妈妈"是一例，用"婆婆"和"妈妈"来构成的理据是这样的：婆婆也好，妈妈也好，她们都说话唠叨，所以直接将其借用过来指说话唠叨。

（3）引指式

内部形式反映的特点属于本义所表示的对象，喻指需要通过本义才能与内部形式关联起来，因此反映对象的特点是曲折的、间接的。这是引指式，比如"转弯抹角"等。

4.2.5.2　复式

（1）喻指式+直指式

A，确指式喻指（划线部分）+直指，比如：

化为泡影　黑白分明　本末倒置　不拘绳墨　重见天日

胸无城府　漏洞百出　人间地狱　眼中钉　　肉中刺

冰炭不相容　残渣余孽　瑕瑜互见　满城风雨　满腹珠玑

逐鹿中原　琴瑟和同　情同手足　混淆黑白

有些成语，当中不但出现了表征所指对象的喻体，而且连被表征的对象也都一并出现了。"目光如豆"中的"目光"是需要被表征的对象，"豆"是表征对象的成分，中间由喻词"如"连接。"挥汗成雨"的情况类似,起连接作用的喻词不是表明喻的,而是用上表隐语的"成"

等。这其间的情况可以细分为如下的不同类别。

A_1 类：

目光如豆　巧舌如簧　胆小如鼠　易如反掌　门庭若市
口若悬河　冷若冰霜　固若金汤　光阴似箭　归心似箭
洞若观火　恩重如山　对答如流　以邻为壑　为鬼为蜮
众志成城　咳唾成珠　聚蚊成雷　人为刀俎，我为鱼肉
行同狗彘　味同嚼蜡　恩同再造

A_2 类：

人山人海　心猿意马　米珠薪桂　枪林弹雨　口蜜腹剑
名缰利锁　车水马龙　唇枪舌剑

A_1 类这种情况与明喻式单喻、暗喻式单喻等都很不相同，也和像"化为泡影"等典型的一类有别。要知道，其他各类中被表征的对象不会出现，一般是借助其他成分被表征出来的。A_1 类情况与 A_2 类近同，成语单位自身全由表征对象的成分和被表征的对象共同组成，区别在于，A_1 类出现了喻词而 A_2 类没有。A_2 类连接本体与喻体的喻词虽然没有出现，但实际上却是暗含的，都可以补出各自的喻词："人（如）山人（如）海"、"心（如）猿意（如）马"、"米（如）珠薪（如）桂"、"枪（如）林弹（如）雨"、"口（如）蜜腹（如）剑"、"名（如）缰利（如）锁"等。若将像"化为泡影"之类的半喻式称做暗喻式的，是暗喻式半喻，那么，如 A_1 类表明的则是明喻式的，是明喻式半喻，如 A_2 类表明的则是隐语式的，是隐语式半喻。

B，夸大式喻指+直指，比如"大发雷霆"、"漫天要价"、"名扬四海"等。

C，虚构式喻指+直指，比如"燕巢幕上"、"管见所及"等。

（2）借指式+直指式。比如：

吃开口饭　戴绿帽子　雕虫小技　目不识丁　东窗事发
东山再起　独占鳌头　耳目一新　方寸已乱　马路新闻
皮包公司　红头文件　履舄交错　墨迹未干　喝墨水

4.2.6　如词的内部形式所表明的那样，成语内部形式也由不同

的意思组成，这些不同的意思构成了成语的结构项。^① 比如"龙飞凤舞"，它的内部形式是"像龙一样地飞，像凤一样地跳舞"，内部形式构成的两个意思分别由"龙飞"和"凤舞"来表达，表现为结构上的两项。

双项性正是成语结构项上的重要特点。

成语由三个音节构成的，比如：

开-后门　炒-鱿鱼　挨-闷棍　碰-钉子　穿-小鞋　抱-大腿
眼中-钉　露-尾巴　擦-屁股　揪-辫子　做-文章　绕-弯子
换-脑筋　铁-饭碗

成语由四个音节构成的，比如：

别具-只眼　心血-来潮　鱼龙-混杂　双管-齐下　鹏程-万里
满目-创痍　鱼龙-混杂　炉火-纯青　怒发-冲冠　老马-识途
目-不窥园　良莠-不齐　釜底-游鱼　一气-呵成　川流-不息
相濡-以沫

成语由五个及其以上音节构成的，比如：

秋风-扫落叶　玩弄-于股掌之上　树倒-猢狲散　出污泥-而不染
牵一发-而动全身

4.2.7　成语内部形式的结构项，表述它的单位呈现出多种情形，有一个音节的、两个音节的，也有三个或以上音节的情况存在。

A，三个音节构成的成语，其两个结构项分别或者是"1-2"模式，或者是"2-1"模式，表现得十分整齐。比如：

1-2 模式：

抱-粗腿　开-后门　大-染缸　上-轨道　小-辫子　开-快车
开-倒车　见-阎王　牛-脾气　打-屁股　打-硬仗　末-班车
动-肝火

2-1 模式：

一锅-端　大锅-饭　马后-炮　马前-卒　下坡-路　车轮战

---

① 只表达语法意义的成分比如"不翼而飞"中的"而"等，不能算做成语构成的一个结构项。

乌鸦嘴

B，四个音节形成的成语，结构项的表述单位有多种形式，比如：

2-2 模式：

寄人-篱下　平分-秋色　老马-识途　一马-当先　一掷-千金

另起-炉灶　初出-茅庐　闻鸡-起舞　守株-待兔　投桃-报李

调虎-离山　坐井-观天　负荆-请罪　举足-轻重　磨杵-成针

水落-石出　临渊-羡鱼

2-0-1 模式[①]：

食言-而-肥　沐猴-而-冠　不胫-而-走　一蹴-而-就

迎刃-而-解　待价-而-沽　竭泽-而-渔　引领-而-望

象牙-之-塔　一丘-之-貉　引玉-之-砖　井底-之-蛙

1-0-2 模式：

危-如-累卵　企-而-望归　泣-如-雨下

1-3 模式：

目-不窥园　石-投大海　掉-以轻心　拾-人牙慧　打-落水狗

鹰-拿燕雀　打-退堂鼓　喝-西北风　下-毛毛雨　吃-窝边草

打-速决战　打-预防针　见-马克思　开-中药铺　杀-回马枪

开-顶风船　坐-冷板凳

3-1 模式：

一衣带-水

　　有些通过固定格式而形成的四音节成语，它们的结构项较为特别。如"说三道四"，当中只有"说"与"道"独立构成表达对象特性的结构项，而"三"和"四"则须要组成"……三……四"这样的固定格式后才整体上表达"这……那……"的意思。换言之，固定格式的"……三……四"成了表达某项意思的一个结构项。对于"说三道四"来说，结构项充其量只有三项，表现为"1-1-1"的模式。其他的

---

　　① 成语中表示语法意义的成分像"而"、"之"，连接本体与喻体的喻词像"如"等都与结构项无涉，因此构成模式中我们以"0"代之。严格地说，这种模式其实就是"2-1"模式的变体，无疑可以归在"2-1"模式中。

比如"一差二错"、"朝三暮四"、"低三下四"等由固定格式形成的成语都属此类。①

C，五音节及以上单位，结构项表述模式常常是"2+ X"模式或"X+2"模式，就是说，当中的某个结构项通常会采用双音节来表述②：

2+ X 模式：

拔出-眼中钉　直待-雨淋头　恨铁-不成钢　树倒-猢狲散

打鸭-惊鸳鸯　玩弄-于股掌之上

X+2 模式：

出淤泥-而-不染

尽管表述结构项的具体单位在音节多少上有各种的情况存在，但结构项依靠双音节来表述的特点至为明显，因为上述 A、B、C 各类中都有它的身影，具有表述的双字性规律。

4.3　惯用语（单层式固定语）的内部形式

惯用语不同于成语之处在于，成语具有意义上的双层性，而惯用语则是单层的，从构成成分的字面上就能直接获取所要表达的真实意义。"其貌不扬"就是字面上能看出来的"人的容貌不好看"的意思；"赶时髦"也即"追赶时髦"之义。成语惯用语意义上的这种巨大差别，致使各自意义的展现形式上出现了相当大的不同。惯用语的内部形式完全有单独作出描写的价值。

4.3.1　惯用语如同成语，内部形式上也存在程度不等的情况。其中的绝大部分，内部形式凭借着各个构成成分的意义来组成，表现出完整性的特点："风和日丽"即是指"风平和，阳光好"，"以理服人"

---

① 形成成语的固定格式当然远不止这些，其他的像"有……有……"、"千……万……"等，只是，由它们生成的成语通常归于"2-2"模式中去，比如"有板-有眼"、"有鼻子-有眼儿"、"有棱-有角"、"有血-有肉"等。

② 当然，也有例外的情况发生，像"牵一发而动全身"就是分别由三个音节的"牵一发"和"动全身"来表达的，不过成语中所见到的这类情况很少。

就是指"用道理使人信服"等。也有少部分的惯用语，内部形式不怎么完整，组成的某些成分究竟反映了所指客观对象中的什么特点或性质是不清楚的，比如"逃之夭夭"中的"夭夭"就是这样。

除此，其他方面比如内部形式的结构项、结构项的表述单位等方面也都与成语的情况极为近同。结构项上，惯用语同于成语，以双项为主，像"热泪-盈眶"、"面目-全非"、"舍己-救人"、"耐人-寻味"、"打-抱不平"、"留-后路"、"递-条子"、"上-断头台"等；结构项的表述单位或者全都是双音节，比如"热泪-盈眶"、"睹物-思人"、"奔走-相告"、"弄假-成真"、"上行-下效"等；或者经常含有双音节的表述单位，比如"三七开"中的"三七"、"开门红"中的"开门"、"出洋相"中的"洋相"等。

4.3.2　惯用语由于意义上只有一层，因此，它们一般都直接反映了所指对象的实质特点或者特点的重要方面，凭着反映出的这些特点就能展现出所在单位表达的意义。比如"不见不散"，由"不见"的"没有见到"的意义和"不散"的"不走开"的意义合在一起而成为"没有见到（就）不走开"，而这恰巧就是"不见不散"自身需要表达的真实意义。显然，"不见不散"的意义依靠内部形式而被充分地展现了出来。又如，"优胜劣汰"的内部形式就是字面上推导出来的"（质量）好的留了下来而（质量）差的被淘汰掉"，"只字不提"的内部形式为"一个字（都）没有提"。类似的情况还有：

损公肥私	假冒伪劣	少慢差费	多快好省	风和日丽
价廉物美	心灵手巧	寻欢作乐	深情厚谊	孤儿寡母
凶多吉少	早出晚归	喜新厌旧	耳闻目睹	丰富多彩
大是大非	内忧外患	有理有据	天高云淡	关停并转
跑冒滴漏	名优特新	以理服人	暑来寒往	两个文明
看西洋景	独立王国	穿靴戴帽	说现成话	捞外快
吹牛皮	讲面子	抱不平		

4.3.3　惯用语内部形式表明所指对象的特点，通常都是表实质

的①，其中又能进一步区分出联结式、重合式、定性式和选性式等。

A，联结式。

惯用语不同结构项表达的不同意思前后联结起来以后，才能完整表明所指对象的特性。单凭其中一部分表达出来的意义，所反映出的对象特点都只是局部的、片面的。

A₁

兵多-将广　又红-又专　理屈-词穷　手疾-眼快　有理-有据
粗制-滥造　大吃-大喝　大哭-大闹　口诛-笔伐　调兵-遣将
耳闻-目睹　地利-人和　颠沛-流离　缺吃-少穿　扶老-携幼
人喊-马叫　痛哭-流涕　穷追-猛打　精兵-强将　拍手-叫好

A₂

价廉-物美　内忧-外患　谄上-欺下　大是-大非　地广-人稀
大材-小用　优胜-劣汰　南征-北战

A₃

多-快-好-省　少-慢-差-费　子-丑-寅-卯　伯-仲-叔-季
春-夏-秋-冬　假-冒-伪-劣　名-优-新-特　德-智-体-美-劳
吃-喝-拉-撒　鳏-寡-孤-独　赵-钱-孙-李　生-老-病-死
轻-重-缓-急　喜-怒-哀-乐　酸-甜-苦-辣

A₄

偏安-一隅　装-糊涂　不合-时宜　进退-两难　自视-过高
在所-难免　量力-而为　少见-多怪　不言-自明　好景-不常
美中-不足　见利-忘义　一律-平等　假公-济私　严于-律己
言论-自由　舍己-救人　奔走-相告　座-无虚席　冤家-路窄

A₁类，结构项前后两部分虽然表达的意义不同，但它们相互之间存在某种相通的方面，如："兵多"指士兵多，"将广"指将领多，在指"多"上彼此相通；"又红"指思想道德方面好，"又专"指专业优

---

① 惯用语中也存在一些由比喻或借代等方式参与曲折反映对象特点的情况，比如"弥天大罪"中的"弥天"、"一孔之见"中的"一孔"、"燃眉之急"中的"燃眉"、"锦绣河山"中的"锦绣"等。它们的内部形式可以比照着成语中的相关类型来分析，此处不赘。

秀，在指"好的方面"前后相通；"理屈"指不在理，"词穷"指没有什么话可说，在指"没有……的方面"彼此相通。而且，这种相同都是同一个方向上的，向着同一个方面来说，或者都指积极的方面，像"兵多将广"之类，或者全部指向消极的方面，比如"理屈词穷"等。这一点上，A_3 类同 A_1 类类似，所不同的是相互连接的成分是四项而非两项，如此而已。然而，A 中的第二类与 A_1 类、A_3 类又都不同，结构项的不同意思分别从相反或相对的两个方面来作出说明。"价廉"指价格便宜，而"物美"指东西质量好，前后在"便宜无好货"这一事理上相对；"内忧"指国内存在忧患，"外患"指国外存在忧患，彼此在所指忧患的范围上相反……A_4 类就更为特殊，与上述各类均不同，所在单位不同结构项只有合在一起才能完整指明所指对象的特性，若撇开当中的任一个结构项，所指对象特性的表述因此会受到很大影响，甚至变得不知所云。

B，重合式。

惯用语不同结构项表达的意义相等或相近，所指对象的特点仅凭其中任一部分其实就能很好地表达出来，重合着表达有突现和强调客观对象特点的作用。

B_1

歌功-颂德　丰富-多彩　阿谀-奉承　改朝-换代　克勤-克俭
丰功-伟绩　凡夫-俗子　神机-妙算　引经-据典　争分-夺秒
心知-肚明　奇装-异服

B_2

好逸-恶劳　反复-无常　重男-轻女　喜新-厌旧

B_1 类前后结构项意义近同，比如"改朝"同于"换代"、"丰功"近于"伟绩"，等等。而 B_2 类的后一结构项是从同前结构项相反的角度来说明前结构项的意思。"恶劳"的反面实际上就是"好逸"，是从另一个方面来说明了与"好逸"相同的特性；同样，"无常"是从反面来说明"反复"的。

C，定性式。

惯用语前后结构项在表明所指对象的特性上有着大体明确的分工：其中的一个结构项（通常是后者）用于指明所指对象所属的大范围的事物，即反映对象所具有的、作为这大范围事物的本质特性；另一结构项（通常指前者）反映对象作为这大范围事物中一个特殊部分的特征（刘叔新，1985）。比如：

C_1

恻隐之心　区区之数　方便之门　莫逆之交　组织关系

经济特区　精神文明　文房四宝　通都大邑　文明古国

C_2

按劳分配　哑然失笑　喋喋不休　奋勇前进　不胜枚举

哈哈大笑　及早回头　扪心自问

C_1类各单位表明对象所属的是一种事物或现象，用名词性的语言单位来表述，像"恻隐之心"中的"心"、"方便之门"中的"门"等。C_2类表明所属的是一种动作，像"按劳分配"中的"分配"、"奋勇前进"中的"前进"等。

D，选性式。

惯用语不同结构项只是表达所指对象中的部分特性。比如"遗臭万年"，"遗臭"反映了对象中"不好的方面"，"万年"反映了对象中的时间方面，而对"名声"这一对象中的属性却没有加以反映，这是选性式。

4.4　歇后语的内部形式

歇后语结构组成上有别于成语、惯用语，它能明显地分成前后两个部分。前一部分通常是对行为、过程或假想的描述，类似于谜语的谜面（以下直接称之为谜面）；后一部分是对前一部分意义上的进一步解释、揭示，类似于谜语的谜底（以下直接称之为谜底）。因此，歇后语的内部形式既会涉及谜面部分，同时还会关涉谜底部分，个中情况远比成语、惯用语复杂。

4.4.1　歇后语的内部形式，不同角度上能区分出单内部形式与双内部形式、弱内部形式与强内部形式、隐内部形式与显内部形式等各不相同的类型。[①]

4.4.1.1　单内部形式与双内部形式

歇后语的谜面以具体生动的表层意义蕴含着真实意义，是真实意义借以展现出来的唯一方面，它实际上就是歇后语自身的内部形式。比如，"老虎屁股——摸不得"中，谜面的"老虎屁股"已经暗含着"不能摸"这一歇后语所要表达的真实意义，此处只不过是借助谜底"摸不得"再将它进一步明确一下而已。谜面的"老虎屁股"即是该歇后语的内部形式。这种情形为单内部形式。再比如：

八十岁学吹打——老来忙

三月里的桃花——活不了多久

干河滩撒网——瞎张罗

三十年的寡妇——好守（手）

四两棉花——弹（谈）不起来

半边铃铛——响（想）不起来

歇后语的真实意义一方面借助谜面部分来展现，与此同时，揭示谜面的谜底部分恰巧是现代汉语中现成的某个词或者是某个固定语——它们自身也存在着各自的内部形式，而且，凭借着它们的内部形式同样也能将整个歇后语的意义展现出来。比如"铁公鸡——一毛不拔"，谜面的"铁公鸡"实际上已经暗含着所要表达的"小气"的意思，而这种意义还可以从谜底"一毛不拔"的内部形式——"一根毛都不（愿意）拔出来"中看出来。换言之，歇后语的真实意义是依凭着谜面和谜底的内部形式共同展现出来的。我们把歇后语的这类情况

[①] 现代汉语范围中的歇后语都有哪些，现在看来还不是很清楚。若仅限以《现代汉语词典》（修订本）所收录的歇后语，则显然过少，不合乎社会使用的实际情况。文中所列各歇后语是在参考有关专书的基础上，凭着作者的语感挑选出来的。

称之为双内部形式。① 再比如：

> 大姑娘吃饭——细嚼慢咽
>
> 巴掌心里长胡须——老手
>
> 聋子的耳朵——摆设
>
> 老虎饿了逮耗子吃——饥不择食
>
> 木匠戴枷——自作自受
>
> 骑在老虎背上——身不由己

4.4.1.2　强内部形式、弱内部形式

歇后语的谜面与它的真实意义直接关联着，即，谜面自身蕴含着歇后语所要表达的真实意义——谜底，常人多半能从其中推导出来。比如，在"猫哭老鼠——假慈悲"中，选用"猫哭老鼠"做谜面来展现谜底"假慈悲"的真实意义，这既贴切又形象，因为生活经验告诉我们，猫以老鼠为食，而猫竟然为被它吃掉的老鼠伤心哭泣，分明是虚情假意。类似情形就是歇后语中的强内部形式。再比如：

> 老虎推磨——不听那一套
>
> 王八吃西瓜——滚的滚，爬的爬
>
> 小葱拌豆腐——一青（清）二白
>
> 老鼠过街——人人喊打
>
> 大水冲了龙王庙——一家人不认一家人
>
> 大姑娘上轿——头一次
>
> 肉包子打狗——有去无回

歇后语的谜面只是引出谜底，并不是对所表达真实意义的直接展现，从谜面身上难以捕捉到它们具体指说对象的什么样的特性。歇后语的真实意义需要在谜底的基础上通过谐音等途径来实现。比如"孔夫子搬家——净是书"，此处的"孔夫子搬家"相对于"净是书"这一

---

① 双内部形式的歇后语，谜面和谜底各从不同角度反映客观对象的性质特点，并都能将所要表达的意义展现出来。由于谜面既是歇后语意义的展现，同时又是引出谜底的重要方面，这么看来，谜面部分反映出来的内部形式是歇后语整个意义的最主要的展现，而谜底部分顶多从另一个不同的角度强调这种展现而已，从而达到加深社会理解的目的。

谜底而言，倒确然很合适。可是，该歇后语要表达的意义不是"净是书"，而是要凭借"书"与"输"的谐音表达"净是输"的意义。这样一来，谜面谜底之间原先十分密切的关系由此被中断，同时，谜面与新的谜底之间又很难再形成其他较为合适的关系，更谈不上具体反映了新对象的什么重要特性或本质特点。不过，如若考虑到它们在引导出谜底上的作用，不妨认为它们也是歇后语的一种内部形式，只是比较弱而已，是弱内部形式。这样的例子相当不少。比如：

飞机上挂暖瓶——水瓶（平）高

外甥打灯笼——照舅（旧）

打架抓胡子——牵（谦）须（虚）

隔着窗户吹喇叭——鸣（名）声在外

老鼠拉秤锤——盗铁（倒贴）

狗皮贴在墙上——不像画（话）

4.4.1.3 隐内部形式与显内部形式

用以表征所指对象的谜面部分，有些同所指对象的特性能较为直接地联系起来，这是显内部形式。比如：

猫哭老鼠——假慈悲

老虎吃田螺——无从下口

狗拿耗子——多管闲事

关门打瞎子——没跑

马尾吊豆腐——提不起

竹篮打水——一场空

谜面部分指出的对象同所要反映对象的特性不能直接挂上钩，需要首先摸清这些表征对象所暗含的种种特性，然后在此基础上才有可能明确反映对象的某种特点。这是隐内部形式。比如：

黄杏熬北瓜——一色货（借用"黄杏"和"北瓜"的黄色的特性来比喻）

哑巴吃黄连——有苦说不出（借用"黄连"的苦的特性来比喻）

秋后的蚊子——飞不了几天（借用"秋后的蚊子"行将死亡的特

性来比喻）

碟子里盛的水——一眼看到底（借用"碟子里盛的水"浅而较容
易看到底的特性来比喻）

牛口里的草——扯不出来（借用牛喜食草这一特性来比喻）

苦菜花——心里黄（借用苦菜所开之花在中心且是黄颜色这一特
性来比喻）

4.4.2　通常，歇后语的谜面部分是某种行为、活动或事象的表
述，生动而具体，都是在用表征的方式表明所指对象的种种特性。所
表征出的所指对象的特点有体现式与显示式的不同。下面是对歇后语
中单内部形式的分析。

谜面部分是一种行为、过程或抽象的假象，具体但不会给人以鲜
明的形象感，这是体现式。比如"十年的野猪——老虎的食"，"十年
的野猪"仅仅是一种抽象的假象，没有什么形象感。其他的还可以举
出：

小车儿不拉——推行

小瞎磨刀——亮透了

老寿星吃砒霜——活厌了

先生迷了路——在家也是闲

雕塑匠不给神像叩头——知道老底

磨坊里的驴——听喝

而显示式则不同，谜面部分能给人以鲜明的形象。比如"黄鼠狼
给鸡拜年——不安好心"中的谜面部分，仿佛让人看到了黄鼠狼在给
鸡拜年的具体情景，有形象感。再如：

门缝里看人——扁的

老鼠钻风箱——两头受气

老鼠戏猫——好大胆

嘴上抹白灰——白说

棺材内伸出手来——死要钱

猪八戒照镜子——里外不是人①

双内部形式歇后语的情况不同于上述的单内部形式。不只是谜面部分可以表明所指对象的特点，谜底部分也同时能展现出客观对象的特点。谜面部分经常都是表征的，既有体现式又有显示式，而谜底部分则不尽然，表征的和实质的都可能成为表明对象特点的方面。因此，双内部形式歇后语在表明对象特点上有如下种种相互交叉的情形：

（1）谜面和谜底都是体现式，比如：

肝脏的兄弟——窝囊废

隔山亲嘴——没门

过了火的猪脑袋——焦头烂额

猴子坐天下——手忙脚乱

花儿里的牡丹——出类拔萃

花盆搬到被窝里——孤芳自赏

（2）谜面是体现式，谜底是显示式，比如：

嘎雨的脑袋——刺儿头

赶马人的料袋——草包

滑了牙的螺帽——团团转

黄鼠狼听见鸡叫——垂涎三尺

豁牙子过冬——唇亡齿寒

家雀进窝——叽叽喳喳

（3）谜面是体现式，谜底是实质式，比如：

干打雷不下雨——虚张声势

干潭里摸鱼——难得

高粱地里种荞麦——杂种

华容道的曹操——难过

华佗看病——起死回生

槐树上要枣吃——强人所难

---

① 其实，体现式与显示式之间的界限并不总是很清楚，当中会存在亦此亦彼的情形。此处我们不打算对此作过细的分析。个中具体情形可参照 2.8 节体现式与显示式的有关分析。

（4）谜面和谜底都是显示式，比如：

赶鸭子上架——呱呱叫

刚出屉的包子——热气腾腾

狗尾巴栓秤砣——拖后腿

光腚子坐板凳——有板有眼

黄鼠冬眠——高枕无忧

灰堆里打喷嚏——碰一鼻子灰

（5）谜面是显示式，谜底是体现式，比如：

铁公鸡——一毛不拔

擀面杖吹火——一窍不通

高空跳伞——一落千丈

公鸡飞到屋顶上——唱高调

裹脚布当孝帽——一步登天

黑瞎子按键盘——乱弹琴

葫芦里装水——滴水不漏

（6）谜面是显示式，谜底是实质式，比如：

竹筒倒豆子——一干二净

母鸡屁股栓线——扯淡

猴吃芥末——干瞪眼

癞蛤蟆坐金銮殿——梦想

高射炮打苍蝇——大材小用

给老虎引路——帮凶

4.4.3 内部形式表征对象特点的方式，歇后语中的单内部形式与双内部形式不完全相同。前者较为简单，一般有喻指的、暗示的、暗示喻指的和暗示谐指的四种情况。

（1）谜面部分是喻体，通过比喻曲折地反映出所指对象中的各种特性，进而间接地展现出它们所表达的真实意思。比如：

茶杯盖上放鸡蛋——靠不住

猫哭老鼠——假慈悲

坛子里行船——内航（行）

黄鼠狼给鸡拜年——没安好心

狗拿耗子——多管闲事

小驴拉磨——转开圈子了

（2）表征的谜面部分本身同所指说对象的特性没有直接的关系，存在着的只是一种暗含着的关联，需要经过一定的暗示才能明了它们曲折地指说了对象什么样的特性。比如"出洞的老鼠——东张西望"即是其中的一例。"出洞的老鼠"本身其实并不能反映所指对象的什么特性，而是以老鼠出洞以后往往有小心翼翼张望四周的特点来关联着所指对象的有关特点，并且就以这方面的特性来展现要表达的意义：东张西望。这样的情况不少。

老鼠过街——人人喊打（以老鼠过街时引起路人一致喊打的这种
　　　　情形来暗示）

老寿星吃砒霜——活厌了（以老寿星吃砒霜的结果来暗示）

老虎身上的虱子——谁敢惹（以虱子在老虎身上没有人敢摸老虎，
　　　　自然也就摸不到老虎身上的虱子）

兔子尾巴——长不了（以兔子的尾巴都不太长这样的一种情形来
　　　　暗示）

瞎子点灯——白费蜡（以瞎子看不见而不需要照明这样的情形来
　　　　暗示）

秃子头上的虱子——明摆着（以秃子没有头发而上面的虱子能被
　　　　很明显地观察到这样的情形来暗示）

和尚看嫁妆——下辈子见（以和尚不能结婚而这辈子无须看嫁妆
　　　　这样的情况来暗示）

（3）在第二类暗示的基础上再作比喻，是为暗示喻指式。比如：

肉包子打狗——有去无回（以打狗的肉包子反而被吃掉这样的情
　　　　形来暗示；再以所暗示的情况比喻东西放出去就
　　　　再也收不回来）

马尾吊豆腐——提不起（以用马的尾巴不能吊起豆腐这样的具体

情况来暗示；再以所暗示的情形比喻不可能成功

地做成什么事）

茅厕里的砖头——又臭又硬（先以茅厕里的砖头因为粪便的长期

浸泡而奇臭这样的情况来暗示；而后以它来比

喻东西无任何保存价值）

没了头的苍蝇——乱撞一气（先以苍蝇无头之后乱飞乱撞这样的

一种情况来暗示；再以它比喻遇事后没有主意）

阎王爷贴告示——鬼话连篇（以阎王爷贴出的告示都是阎王爷自

己的话这样的情况来暗示；再以它比喻缺乏诚

意，都是假话）

王八吃秤砣——铁了心（以王八吃秤砣需要下很大的决心这样的

情况来暗示；再以它比喻下定决心去做一件事）

（4）在暗示的基础上再通过谐音来转指，这是暗示谐指式。比如：

太上老君叫蛇咬——法尽了（以太上老君叫蛇咬来暗示他的道法

已尽；再以法的"道法"转指"方法"、"办

法"等）

腊月里的萝卜——冻（动）了心（以腊月天冷而地里的萝卜连心

都已经被冻这样的情形来暗示；再以冷冻的

"冻"谐音"动"而转指"动了心"）

飞机上挂暖瓶——水瓶（平）高（以热水瓶挂在飞机上这样的情

况来暗示；再以热水瓶中的"水瓶"谐音"水

平"从而转指"水平高"）

小老爷庙——没见过多大的供（贡）献（以庙小人们烧香供奉的

物品少这样的情况来暗示；再以"供"谐音"贡"

而转指"贡献"）

小炉匠的柜子——动手就是锉（错）（以炉匠柜子里放有许多供使

用的锉来暗示；再以"锉"谐音"错"，从而表

达出"动手就是错"的意思）

瞎子闻见臭——离屎（死）不远了（以瞎子闻到屎的臭味说明屎

就不会离他太远这样的情况来暗示；再以"屎"
谐音"死"而转指"离死不远了"的意思）

双内部形式歇后语表征对象特点的方式既关涉谜面部分，同时又涉及谜底部分，结合二者而有以下的不同类型：

（1）谜面和谜底都是喻指，比如：

高射炮打苍蝇——大材小用（谜面以动用高射炮来消灭苍蝇来喻
　　　　　指对象特点；谜底用大的材料用在小处来喻指
　　　　　对象特点）

搁浅的船——进退两难（谜面以搁浅的船来喻指对象特点；谜底
　　　　　则以往前走、往后退都难来喻指对象特点）

撅屁股看飞机——有眼无珠（谜面以撅着屁股看飞机的情形来喻
　　　　　指对象特点；谜底则以有眼睛但没有眼珠来喻
　　　　　指对象特点）

老母猪咬架——以牙还牙（谜面以老母猪打架时用牙相互咬对方
　　　　　的具体情形来喻指对象特点；谜底则以你用牙咬
　　　　　我、我同样用牙咬你来喻指对象特点）

裂嘴的包子——露馅儿（谜面以裂开口的包子来喻指对象特点；
　　　　　谜底以包子已经露出当中的馅儿喻指对象特点）

脸盆里长豆芽菜——知根知底（谜面以豆芽菜长在脸盆里而容易
　　　　　为人所了解来喻指对象特点；谜底则以了解
　　　　　根部、了解底细来喻指对象特点）

（2）谜面是喻指，谜底是直指，比如：

隔靴搔痒——无济于事（谜面以隔着靴子瘙痒来比喻对象特点；
　　　　　谜底直接表明对象的本质特点）

泥菩萨过河——自身难保（谜面以泥菩萨过河时被水浸泡成泥浆
　　　　　的这一结果来喻指对象特点；谜底则直接表明对
　　　　　象特点）

锯子锯掉烂木头——摧枯拉朽（谜面以用锯子来锯烂木头喻指对
　　　　　象特点；谜底直接表明了对象特点）

筐中捉蟹——十拿九稳（谜面以蟹在筐中而容易被捉住来喻指对象特点；谜底的"十拿九稳"直接表明了对象的特点）

浪头撞在礁石上——粉身碎骨（谜面以浪头撞在礁石上被撞了个粉碎来喻指对象特点；谜底直接点出了对象的特点）

癞蛤蟆戴花——臭美（谜面以癞蛤蟆戴花来喻指对象特点；谜底则用"臭美"直接表明了对象特点）

（3）谜面是喻指，谜底是转指，比如：

老虎洞里摆神像——莫名其庙（妙）（以"庙"谐音"妙"，转指"莫名其妙"）

老牛吃甘蔗——慢条撕哩（斯理）（以"撕"谐音"斯"，以"哩"谐音"理"，转指"慢条斯理"）

老牛拉车——载货（灾祸）（以"载"谐音"灾"，以"货"谐音"祸"，转指"灾祸"）

六月的腊肉——有盐（言）在先（以"盐"谐音"言"，转指"有言在先"）

炉膛里插干柴——必燃（然）（以"燃"谐音"然"，转指"必然"）

驴皮贴在墙上——不像画（话）（以"画"谐音"话"，转指"不像话"）

（4）谜面是暗示，谜底是喻指，比如：

百年松树，五月芭蕉——粗枝大叶（谜面以松树老的特点暗示枝粗，以五月时芭蕉长势很旺的特点暗示叶子大；谜底再以这枝粗叶子大来喻指对象特点）

大路边的电线杆——靠边站（谜面以电线杆都立在路的旁边这一特性来暗示对象特点；谜底以靠旁边站喻指对象特点）

赶马人的料袋——草包（谜面以赶马人口袋里装的都是供马用的草料这一情形来暗示对象特点；谜底则用装满草的包来喻指对象特点）

公鸡飞到屋顶上——唱高调（谜面以公鸡飞到屋顶上去啼鸣来暗示对象特点；谜底以唱着调子高的歌曲来比喻对象特点）

江河里行船——看风使舵（谜面以船在江河里行驶来暗示对象特点；谜底以顺着风向来驾船来喻指对象特点）

脚踩火箭——一步登天（谜面以脚踩在火箭上来暗示对象特点；谜底以一步登上天来喻指对象特点）

（5）谜面是暗示，谜底是直指，比如：

钢筋水泥盖鸡窝——一劳永逸（谜面以用钢筋水泥来盖只需简单垒垒的鸡窝这一情况来暗示对象特点；谜底则直接表明了对象特点）

高空跳伞——一落千丈（谜面以从高空跳伞来暗示对象特点；谜底则是直接表明了对象特点）

割韭菜不用镰——胡扯（谜面以不用镰刀去割韭菜来暗示对象特点；谜底的"胡"与"扯"直接表明了对象的重要特点）

给老虎引路——帮凶（谜面以充当老虎的引路人来暗示对象特点；谜底的"帮凶"直接表明了对象中的重要特点）

狗咬拉屎人——忘恩负义（谜面以狗咬拉屎人来暗示对象特点；谜底则直接地点出了对象特点）

和尚戴礼帽——与众不同（谜面以和尚戴着礼帽来暗示对象特点；谜底则直接表明了对象特点）

（6）谜面是暗示，谜底是转指，比如：

光头打伞——无发（法）无天

打架抓胡子——牵（谦）须（虚）

耗子钻到书柜里——食（蚀）本

荷花池里着火——藕（偶）燃（然）

韭菜炒豆腐——一青（清）二白

韭菜炒鸡蛋——冒葱（充）

§5 固定语的意义

5.1 固定语意义的一般性质

5.1.1 固定语的意义，从类别上看，既包括体现概念的理性意义，也包括附丽于理性意义之上的各种表达色彩。

理性意义是固定语的立足之本，汉语中所有的固定语都表达着理性意义。不表达理性意义的固定语在汉语中并不存在。这种情况的出现决非偶然。原因在于，固定语是词与词的固定组合，而这种组合之所以会出现，无非是因为所指说的对象非要这样才能恰如其分地完成表达任务——这种情况下的指说对象多半十分复杂。

这方面表现较为典型的，要算是概括事典或者历史事件等的固定语，透过这种概括而最终表达出来的意义无一例外，都是理性的意义。比如"一字千金"，它形成于《史记·吕不韦列传》，用以称赞诗文精妙，价值极高；"愚公移山"的故事见于《列子·汤问》，用以比喻做事有毅力，有恒心，不怕困难；"毛遂自荐"的故事见于《史记·平原君列传》，用来比喻自己推荐自己。

　　即便由全部虚词构成的固定语，它们表达的也不是语法性的意义。比如"之乎者也"，借文言文里常用的"之"、"乎"、"者"、"也"来形容半文不白的话或文章；再比如"呜呼哀哉"，借祭文中常用的感叹语来指人死了或完蛋了。——表达的仍然是词汇意义。

　　除却表达理性意义之外，不少固定语还附带着表达各种各样的色彩。

　　语体上，固定语总给人以较为强烈的书面色彩，事实也大致如此，像"技惊四座"、"力透纸背"、"负荆请罪"、"人云亦云"、"天花乱坠"、"杯水车薪"、"千钧一发"、"因陋就简"、"人莫予毒"、"抱薪救火"、"鞍马劳顿"等都是这样。带有口语色彩的也不在少数，歇后语是该类的典型，像"冬天里穿裙子——美丽又冻（动）人"、"老鼠过街——人人喊打"、"隔着窗户吹喇叭——鸣（名）声在外"等；此外的一些如"灰头土脸"、"油嘴滑舌"、"尖嘴猴腮"、"人模鬼样"、"摸爬滚打"、"擦屁股"、"背黑锅"、"拆烂污"、"草台班子"、"吃鸭蛋"、"家长里短"等也与此类似。还有一些，语体上应该是通用的，像"缺斤短两"、"精打细算"、"大材小用"、"风土人情"、"天灾人祸"、"供不应求"、"隐姓埋名"、"通情达理"、"重男轻女"、"畅所欲言"、"国计民生"等。

　　评价感情色彩上，固定语一如词，褒义的、贬义的都有。前者比如"精益求精"、"沉鱼落雁"、"高瞻远瞩"、"流芳百世"、"妙手回春"、"山清水秀"、"国色天香"、"余音绕梁"、"永垂不朽"、"字字珠玑"等；后者譬如"老奸巨猾"、"贪官污吏"、"呆头呆脑"、"遗臭万年"、"夸夸其谈"、"处心积虑"、"无所不至"、"百足之虫，死而不僵"、"半斤八两"、"改头换面"、"见风使舵"等。

　　形象表达色彩在固定语中不仅存在着，而且还表现得至为突出。这主要因为，占固定语中相当数量的成语、歇后语，都表达着双层性的意义，而深层意义得以依凭的表层意义往往是具体的物象，从而给社会以强烈的形象色彩。随手就可举出像"鹤立鸡群"、"大吃大嚼"、"狼吞虎咽"、"胸有成竹"、"大风大浪"、"炒鱿鱼"、"唇亡齿寒"、"飞蛾扑火"、"风平浪静"、"虾兵蟹将"、"黄鼠狼给鸡拜年——没安好心"、

"猫哭耗子——假慈悲"、"飞机上挂暖瓶——水瓶（平）高"等。

5.1.2　比之于词，固定语的意义显然要复杂些。

（1）固定语总体上呈现出单义性。当中虽然也不乏多个意义的情形，比如，"翻来覆去"既可以表达"来回翻身"，同时还可以用来表示"一次又一次"；"风起云涌"除可表达"大风起来，乌云涌现"的意思之外，还用来"比喻事物迅速发展，声势浩大"，等等。不过，这部分毕竟是其中的极少数——与词的情况有着很大的不同。据对《现代汉语词典》（第 5 版）F 字头条目的抽样统计，F 字头的条目总共收录有 1937 条词，有 402 条具有不止一个义项，约占总数的 20.8%；相同字头的固定语条目总共有 136 条，其中仅有 8 条是多义的，约占总数的 5.5%。[①] 两相比较，差异十分明显。

（2）固定语的意义清一色，性质上全为理性意义（详见上述）。对于词中的绝大多数成员而言，它们的意义也都是体现概念的理性意义，像"人"、"天"、"教师"、"课文"、"台灯"、"建筑"、"饭局"、"上台"、"工具书"、"图书馆"等。不过，还有相当数量的词，它们并不体现概念，甚至都不是词汇性的意义，通常所说的虚词如"从"、"自从"、"把"、"比"、"被"等就是这样。语言中的叹词像"啊"、"呀"、"唉"等、呼答词像"哎"、"喂"、"嗯"等，它们的意义同样都不体现概念——性质上是感性的。

（3）固定语借由内部形式呈现出来的所指说对象的特点较为丰富，人们据此而能在脑海中形成所指说对象或现象的意象[②]，比如"炒鱿鱼"，让人仿佛看到了鱿鱼在锅中翻炒后卷起的意象；再比如"釜底游鱼"，让人好像看到了在盛满水的锅底，有一条游动着的鱼的意象，等等。而词则多半不会这样。因为，固定语可以用较多的音节组合去反映所指对象的各种特点，而词往往会囿于自身表达形式的限制而很难做到这一点——对所指说对象的反映顶多只能"以点带面"而已，常常难以形成关于它们的意象，比如"人民"、"窗户"、"辣椒"等，

----

① 有一些专收固定语的工具书如《汉语成语词典》（李一华、吕德申主编，四川辞书出版社，1992）、《中华成语大辞典》（向光忠等主编，吉林文史出版社，1986）等，将所有条目的意义全都解释成单义的。

② 意象有助于社会对藏于意象背后的意义的理解。意象愈是具体、清晰，对意义理解的帮助作用往往就愈加明显。

或者，即便有，也大都不够丰满，像"领袖"，至多只是给人以衣服的领口和袖子这样的形象，不免单薄；再比如"骨肉"，只是静态地表明"骨头"和"肉"的具体形象，难免死板，意象显然不够丰满。

5.2 成语的意义

5.2.1 成语的表层意义与深层意义相对，只有当表层形成的意义与深层表达的意义足以区分开时，才有资格作为成语的表层意义。成语的深层意义一般较为抽象、概括，要让表层意义区别于深层意义，理论上，表层的意义应越具体越好。

总体而言，成语表层意义的"具体"表达主要藉由以下几种路径。

（1）成语各构成成分自身没有具体性，也不与具体的特定对象相联系，但它们合于一起却指说十分具体的故事，比如"破釜沉舟"、"卧薪尝胆"、"刻舟求剑"、"三顾茅庐"、"负荆请罪"、"一字千金"、"开天辟地"等。

（2）成语构成成分中有部分与具体的特定对象相联系，该组合同时又指说了具体的故事。"孟母择邻"中的"孟母"很具体，特指孟子的母亲。与此同时，该固定语是对孟子母亲如何培养儿子的故事的概括，内含一个具体的故事。类似的例子再比如，"夸父追日"、"女娲补天"、"黔驴技穷"、"愚公移山"、"毛遂自荐"、"叶公好龙"、"精卫填海"、"嫦娥奔月"、"牛郎织女"、"江郎才尽"等。

（3）字面由具体的物象等组成，但所在组合并不内含具体故事。比如"一五一十"、"牛鬼蛇神"、"魑魅魍魉"、"泰山北斗"、"昙花一现"、"牛头马面"、"鱼死网破"、"风口浪尖"、"节外生枝"、"摸爬滚打"、"头破血流"、"接二连三"等（详见 2.4.2.2）

虽然，表层意义的具体状况会直接影响到所在固定语的意义能否具有双层性，但这恐怕不能被看作影响的唯一因素。除此，还与意义表达借由的实现方式有关。像"下里巴人"、"阳春白雪"等通过借代表达意义的固定语，其意义的双层性显然不如借由比喻实现意义的固定语，像"杯水车薪"、"本固枝荣"、"表面文章"、"冰山一角"、"擦屁股"等。

5.2.2　表层意义由各构成成分字面上的意义连缀而得，它并不要求必得同各自所表达的意义关联着，而这与展现词语意义的内部形式相区别——后者总会同词语的意义保持有千丝万缕的联系。

表层意义与内部形式之间的差异主要表现在以下几个方面：

（1）一部分词语特别是纯音译词，当中各构成成分完全能连缀成一定的字面意义，但却根本不存在将它们自身的意义展现出来的内部形式。"沙发"，字面上未尝不可以理解成"沙的发"或"有沙的发"或"像沙一样的发"等；"巧克力"也能根据字面上的意义理解成"巧妙地攻克（来自对方的）火力"，等等。这些现在看上去十分怪诞的意义组合，能说不是各自所在词语的字面意义吗？可它们与展现意义的内部形式相去十万八千里，因为，这些字面形成的意义不能反映所指对象的任何特征。

（2）构成成分自身的意义有单义与多义的不同情况。构造成分若为单义，其意义别无选择地成了字面意义的内容因素；若为多义，则势必面临着从中如何作出选择的问题。供备选的各义项中，基本义最为大家所熟悉，较容易被人们想到，它往往是字面意义首先予以选择的部分。比如：

书包——（放）书的包

自来水——自动流出来的水

截长补短——切下长的（来）接补短的

高瞻远瞩——站得高，看得远[①]

参与字面意义形成的各构成成分的意义未必就是该词语形成之初的部分，未必是词语形成之初对所指对象特征作出反映的部分。在形成字面意义要求的基本义同形成内部形式要求的对所指对象特征作出反映之间，必定会存在不一致的情况。以下是一组字面意义与内部形式不同的对照表：

---

① 当然，也会有非基本义参与字面意义形成的情况存在，比如"手不释卷"中的"释""卷"分别是"放开"、"书"义，为非基本义；"见微知著"中的"著"是"明显"义，属非基本义。

项目\词语例	字面意义	内部形式
扬汤止沸	（用东西）扬起汤汁使它不再沸腾	（用东西）扬起开水使它不再沸腾
固若金汤	牢固得像用金子（做成的）汤碗	牢固得像用铜制成的，像滚烫的水池（谁也不能越过）
走马观花	（一边）骑着马走（一边）观看着花	（一边）骑着马跑（一边）观看着花
市怨结祸	市场的怨恨，结下祸根	换得怨恨，结下祸根
时移世易	时间移动，世界（上的事）容易了	时间移动，世界（上的事）改变了
杀人越货	杀过人后跳过货物（逃走了）	杀人抢货
开卷有益	打开卷子就有好处	打开书本就有好处
荒时暴月	灾荒的时期，残暴的岁月	灾荒的时期，年成坏的岁月

（3）通过缩略等方式形成的词语，内部各构成成分都是对应原形式的简化形式，但这种简化形式意义上却等同于被简化的单位，因此，缩略词语构成成分的意义与通常情况下表现出来的意义很不相同（王吉辉，2001），从而使得依照字面理解产生的字面意义同各自的内部形式必然产生巨大反差。比如：

项目\词语例	字面意义	内部形式
彩电	彩色的电	彩色电视机
彩管	彩色的管子	彩色显像管
人大	人（很）大	人民代表大会
二次大战	两次大的战争	第二次世界大战
长话	长（时间）说话	长途电话
男足	男的脚	男子足球
女花	女子中（像）花（一样漂亮的）	女子花剑
空模	空的模型	航空模型

有时，字面意义竟同内部形式刚好相反。比如"生前"，字面上指"出生以前"或"活着以前"，而内部形式应该为"活着（的时候）"，"前"不反映对象中的任何特点；"死党"，字面意义是"死的党羽"，而内部形式则是"出死力的党羽"，等等。

5.2.3　成语的深层意义，类别上大体包括如下几种不同情形。

（1）表述性的，意义解释的核心是对动作、行为、现象等所作的一种表述。比如"江郎才尽"，其意义"（比喻）才思枯竭"则是对"才思"这种现象所作的表述。成语中类似的情形占绝大多数。以下是其中的部分例子[①]：

挨板子：比喻受到严厉的批评或处罚。

八字没一撇：比喻事情还没有眉目。

抱粗腿：比喻攀附有权势的人。

江河日下：比喻情况一天天坏下去。

捷足先登：比喻行动敏捷，先达到目的。

截长补短：比喻用长处补短处。

趁热打铁：比喻做事抓紧时机，加速进行。

吃现成饭：比喻自己不出力，享受别人的成果。

（2）指述性的，意义指说的落脚点指向事物、现象等。比如：

陈谷子烂芝麻：比喻陈旧的无关紧要的话或事物。

初生之犊：比喻勇敢大胆、敢作敢为的青年人。

吹灰之力：比喻很小的力量。

春风化雨：比喻良好的教育。

大风大浪：比喻社会的大动荡，大变化。

刀山火海：比喻非常艰险和困难的地方。

残渣余孽：比喻残存的坏人。

雕虫小技：比喻微不足道的技能（多指文字技巧）。

风烛残年：比喻随时可能死亡的晚年。[②]

（3）描述性的（或描摹性的），意义解释的主干部分是形容词性的，是对所指说对象性质、状态或行为的描摹。比如"垂涎欲滴"，其意义"比喻看到好的东西，十分羡慕，极想得到"中的核心部分是"（十

[①] 条目以及该条目的意义解释全都来自《现代汉语词典》（第5版）。下同。

[②] 成语的字面组合看起来很像是指述性的，比如"春兰秋菊"等，但其意义通常表述为"比喻各有专长"，因此，只好将它归为表述性的。

分）羡慕"，是对极想得到某种东西的具体描述。这样的例子虽然不占多数，但还可以找出一些：

沧海一粟：比喻非常渺小。

火烧眉毛：比喻非常急迫。

焦头烂额：比喻十分狼狈窘迫。

临深履薄：比喻谨慎戒惧。

千钧一发：比喻极其危险。

一毛不拔：比喻非常吝啬。

5.2.4 固定语的意义基本上都是单义的（见 5.1），这种情况在成语中则表现得更为明显与突出。《现代汉语词典》（第 5 版）"比喻类"成语[①]共有 1106 条，其中被明确划分为不同义项的成语总共只有 10 条，约占总数的 0.9%。它们分别是：

唱空城计：1，比喻用掩饰自己力量空虚的办法，骗过对方；

　　　　　2，比喻某单位的人员全部或大部不在。

当头一棒：1，比喻促人醒悟的警告；

　　　　　2，比喻给人以突然打击。

规行矩步：1，比喻举动合乎规矩，毫不苟且；

　　　　　2，比喻墨守成规，不知变通。

另起炉灶：1，比喻重新做起；

　　　　　2，比喻另立门户或另搞一套。

披荆斩棘：1，比喻扫除前进中的困难和障碍；

　　　　　2，比喻克服创业中的种种艰难。

千锤百炼：1，比喻多次的斗争和考验；

　　　　　2，比喻对诗文等做多次的惊喜修改。

细水长流：1，比喻节约使用财物或人力，使经常不缺；

　　　　　2，比喻一点一滴地做某件事，总不间断。

一气呵成：1，比喻文章的气势首尾贯通；

---

① 意义解释中被明确冠以"比喻"的成语。

2，比喻完成整个工作的过程中不间断，不松懈。

引火烧身：1，比喻自讨苦吃或自取毁灭；

2，比喻主动暴露自己的问题，争取批评帮助。

坐冷板凳：1，比喻因不受重视而担任清闲的职务；

2，比喻长期受冷遇；

3，比喻长期做寂寞清苦的工作。

此外，有些成语，它们的意义虽然在《现代汉语词典》（第 5 版）中没有被明确分列成不同的义项，但也未尝不可以看作成语中的多义现象。比如：

并驾齐驱：比喻齐头并进、不分前后，也比喻地位或程度相等，不分高下。

称王称霸：比喻飞扬跋扈、胡作非为，也比喻狂妄地以首领自居，欺压别国或别人。

乘风破浪：现比喻不畏艰险勇往直前，也形容事业迅猛地向前发展。

道高一尺，魔高一丈：用来比喻取得一定成就后遇到的障碍会更大，也比喻正义终将战胜邪恶。

对号入座：比喻把有关的人或事物跟自己对比联系起来，也比喻把某人所做的事跟规章制度相比，联系起来。

对牛弹琴：比喻对不懂道理的人讲道理，对外行人说内行话，现在也用来讥笑说话的人不看对象。

干柴烈火：比喻一触即发的形式，也比喻情欲正盛的男女。

光风霁月：比喻开阔的胸襟和坦白的心地，也比喻太平清明的政治局面。

哼哈二将：多用来比喻有权势者手下得力而盛气凌人的人，也比喻狼狈为奸的两个人。

呼风唤雨：现在比喻能够支配自然或左右某种局面，有时也比喻进行煽动性的活动。

回光返照：比喻人临死之前精神忽然兴奋的现象，也比喻旧事物灭亡之前暂时兴旺的现象。

鸡零狗碎：比喻事物零零碎碎，不成片段，也比喻无关紧要的琐碎事物。

精卫填海：比喻有深仇大恨，立志必报；也比喻不畏艰难，努力奋斗。

履险如夷：比喻处于险境而毫不畏惧，也比喻经历危险，但很平安。

苗而不秀：比喻资质虽好，但是没有成就，也比喻虚有其表。

平地一声雷：比喻名声地位突然升高，也比喻突然发生一件可喜的大事。

骑马找马：比喻东西就在自己这里，还到处去找；也比喻一面占着现在的位置，一面另找更称心的工作。

如虎添翼：比喻强大的得到援助后更加强大，也比喻凶恶的得到援助后更加凶恶。

如蚁附膻：比喻许多臭味相投的人追求某种恶劣的事物，也比喻依附有钱有势的人。

沙里淘金：比喻费力大而成效少，也比喻从大量的材料中选取精华。

屋上架屋：比喻机构或结构重叠，也比喻不必要的重复。

无病呻吟：比喻没有值得忧虑的事情却长吁短叹，也比喻文艺作品缺乏真情实感，矫揉造作。

绣花枕头：比喻徒有外表而无学识才能的人，也比喻外表好看而质量不好的货物。

一步登天：比喻一下子达到很高的境界或程度，也比喻地位一下子升得非常高。

掌上明珠：比喻极受父母宠爱的儿女，也比喻为人所珍爱的物品。

钻牛角尖：比喻费力研究不值得研究的或无法解决的问题，也比喻固执地坚持某种意见或观点，不知道变通。

左右逢源：比喻做事得心应手，怎样进行都很顺利；也比喻办事圆滑。

这一类总共有 27 条，约占全部总数的 2.4%。这两类合在一起，也不过约占全部"比喻类"成语的 3.3%，大大低于固定语 5.5%的抽样统计比例（详见 5.1）。

5.2.5 《现代汉语词典》（第 5 版）对成语意义的解释可归纳为如下不同的情形。

（1）直接地将所解释条目的真实意义揭示出来，比如"鞍前马后"，将其直接解释为："比喻跟随在别人身边，小心伺候"；"白日做梦"的意义也直接解释为"比喻幻想根本不能实现"，等等。通过这种途径给出成语意义解释的情形较多，据对该词典所收"比喻类"成语的完全统计，达 551 条之多，约占该类成语总数的 50%。以下是其中的部分例子：

跋前踬后	宝刀不老	背黑锅	表面文章	唱主角
吃大锅饭	不郎不秀	捕风捉影	擦屁股	残渣余孽
藏污纳垢	吹灰之力	唇齿相依	赤膊上阵	吃鸭蛋
大张旗鼓	大风大浪	独立王国	赴汤蹈火	孤芳自赏
和风细雨	火烧火燎	揭疮疤	借花献佛	开源节流
两袖清风	留尾巴	木本水源	认贼作父	

（2）先点出成语的表层意义，然后再揭示出透过表层意义之后的真实意义，比如"白璧微瑕"，它的意义解释是这样的："洁白的玉上面有些小斑点，比喻很好的人或事物有些小缺点"，"比喻"部分则是该成语的真实表达意义。再比如"包打天下"，它的意义解释部分既包括了"包揽打天下的重任"这一表层部分，也包括了"比喻由个人或少数人包办代替，不放手让其他人干"这一深层部分。这种情况约占所收"比喻类"成语总数的 36%。以下是其中的一部分：

挨板子：被人用板子责打，比喻受到严厉的批评或处罚。

矮半截：相比之下低很多，多比喻在身份、地位、水平等方面差得远。

暴风骤雨：来势急遽而猛烈的风雨，比喻声势浩大、发展迅猛的群众运动。

杯水车薪： 用一杯水去救一车着了火的柴，比喻无济于事。

背道而驰： 朝着相反的方向走，比喻方向、目标完全相反。

本固枝荣： 树木主干强固，枝叶才能茂盛，比喻事物的基础巩固了，其他部分才能发展。

鞭打快牛： 用鞭子抽打跑得快的牛，比喻对先进的单位或个人进一步增加任务或提出过高的要求。

步人后尘： 踩着人家脚印走，比喻追随、模仿别人。

趁火打劫： 趁人家失火的时候去抢人家的东西，比喻趁紧张危急的时候侵犯别人的权益。

重蹈覆辙： 再走翻过车的老路，比喻不吸取失败的教训，重犯过去的错误。

（3）先指明成语的出处，然后就直接揭示出其所表达的真实意义。这当中又大略区分为两类。其一类，所指明的出处是原文，是原文的援用。比如：

爱屋及乌：《尚书大传·大战篇》："爱人者，兼其屋上之乌。"比喻爱一个人而连带地关心到跟他有关系的人或物。

白衣苍狗： 杜甫《可叹》诗："天上浮云似白衣，斯须改变如苍狗。"后来用"白衣苍狗"比喻世事变幻无常。

盲人瞎马：《世说新语·排调》："盲人骑瞎马，夜半临深池。"比喻境况极端危险。

寸草春晖： 唐代孟郊《游子吟》诗："谁言寸草心，报得三春晖。"后来用"寸草春晖"比喻父母恩情子女难以报答。

飞黄腾达： 韩愈《符读书城南》诗："飞黄腾踏去，不能顾蟾蜍。"后来用"飞黄腾达"比喻官职、地位上升得很快。

吠形吠声：《潜夫论·贤难》："一犬吠形，百犬吠声。"比喻不明察事情的真伪而盲目附和。

据统计，这一类约占"比喻类"总数的3%。

另一类，成语的出处不是对原文的引用，而基本上是对原文的一种转述。比如：

毛遂自荐：毛遂是战国时代赵国平原君的门客。秦兵攻打赵国，
　　　　平原君奉命到楚国求救，毛遂自动请求跟着去。到了
　　　　楚国，平原君跟楚王谈了一上午没有结果。毛遂挺身
　　　　而出，陈述利害，楚王才答应派春申君带兵去救赵国。
　　　　后来用"毛遂自荐"比喻自己推荐自己。

盲人摸象：传说几个瞎子摸一只大象，摸到腿的说大象像一根柱
　　　　子，摸到身躯的说大象像一堵墙，摸到尾巴的说大象
　　　　像一条蛇，各执己见，争论不休。用来比喻对事物了
　　　　解不全面，固执一点，乱加揣测。

杯弓蛇影：有人请客吃饭，挂在墙上的弓映在酒杯里，客人以为
　　　　酒杯里有蛇，回去疑心中了蛇毒，就生病了。比喻疑
　　　　神疑鬼，妄自惊慌。

邯郸学步：战国时有个燕国人到赵国都城邯郸去，看到那里的人
　　　　走路的姿势很美，就跟着人家学，结果不但没学会，
　　　　连自己原来的走法也忘掉了，只好爬着回去。后来用"邯
　　　　郸学步"比喻模仿别人不成，反而丧失了原有的技能。

据统计，这一类约占"比喻类"成语总数的8%。

（4）首先指明成语的出处，然后解释其表层的意义，最后再将它
的真实表达意义揭示出来。据统计，这种情形约占"比喻类"成语总
数的3%。下面是其中的部分：

跛鳖千里：《荀子·修身》："故跬步而不休，跛鳖千里。"意思是
　　　　跛脚的鳖不停地走，也能走千里地，比喻只要努力不
　　　　懈，即使条件很差，也能取得成就。

陈陈相因：《史记·平准书》："太仓之粟，陈陈相因。"国都粮仓
　　　　里的米谷，一年接一年地堆积起来。比喻沿袭老一套，
　　　　没有改进。

得鱼忘筌：《庄子·外物》："筌者所以在鱼，得鱼而忘筌。"筌是
　　　　用来捕鱼的，得到了鱼，就忘掉筌。比喻达到目的以

后就忘了原来的凭借。

空谷足音：在空寂的山谷里听到人的脚步声（语本《庄子·徐无鬼》："夫逃虚空者……闻人足音跫然而喜矣"）。比喻难得的音信、言论或事物。

强弩之末：《汉书·韩安国传》："强弩之末，力不能入鲁缟。"强弩射出的箭，到最后力量弱了，连鲁缟都穿不透，比喻很强的力量已经微弱。

《现代汉语词典》（第 5 版）在成语意义解释上的上述不同解决方案表明，社会在对采用何种方式来解释成语的意义上有些摇摆不定。据我们看，成语意义解释所涉及的表层意义、出处等，本质上都不是成语自身所应包含的真实意义，意义解释要是完全不顾及它们，并不是一定不可以。不过，话又说回来，它们虽然不是意义自身的构成部分，但于社会的理解而言，却是有不同程度的帮助作用的。因此，意义解释中将它们纳入进来显然有其相当的合理性。

比较而言，成语的表层意义对成语真实意义的理解似乎更有帮助，而具体出处对成语理解的帮助作用则相对要差一些。据此推测，上述诸解决方案中，方案四最有利于社会对成语的理解，因为，该方案同时涉及了它的表层意义和出处；稍次些的要算是方案二——它对成语意义理解有较大作用的表层意义作出了解释；再次些的是方案三——它仅仅给出了成语的出处。

对于成语意义的解释来说，方案一最不建议采用，因为，那样做不利于学习者的理解掌握。而方案二最值得向社会推荐，虽说方案四对成语理解的帮助作用最大，但成语的出处并非必要。

5.3　惯用语的意义

5.3.1　一如成语，惯用语无一例外地也存在着字面理解的意义。比如"牢不可破"字面上可理解为"牢固，不容易破坏"，"悲喜交集"

字面上可理解为"悲伤、喜悦的心情相互交织"，等等。与此同时，作为参与社会交际的单位，它们自然少不了用于社会表达时的意义——这种意义，不少情况下，完全等同于字面形成的意义，从而使得字面意义与表达意义合二为一。比如"安家立业"，它参与社会交际的表达意义就是它的字面的"安置家庭，建立事业"这一意义；再比如"不耻下问"的表达意义也就是其字面上理解的"不以向地位比自己低、知识比自己少的人请教为可耻"这一意义。类似这样的例子不胜枚举：

安邦定国：使国家安定、巩固。

安身立命：生活有着落，精神有所寄托。

安土重迁：留恋故土，不肯轻易迁移。

白头偕老：夫妻共同生活到老。

百废俱兴：各种该办未办的事业都兴办起来。

半信半疑：有些相信，又有些怀疑。

孤陋寡闻：知识浅陋，见闻不广。

也有些固定语，它们的表达意义与字面意义有些出入。比如"百年不遇"，其字面可理解为"一百年也碰不到"，但其表达意义通常解释为"形容很少见到或很少出现"，显然，字面意义与表达意义之间存在着一定程度的差别。这样的情形还可以举出不少：

百折不挠：无论受多少挫折都不退缩，形容意志坚强。

杯盘狼藉：杯盘等放得乱七八糟，形容宴饮后桌上凌乱的样子。

瞠目结舌：瞠着眼睛说不出话来，形容受窘或惊呆的样子。

滴水成冰：水一滴下来就冻成冰，形容天气十分寒冷。

耳鬓厮磨：指两人的耳朵和鬓发相接触，形容亲密相处。

见钱眼开：见到钱财，眼睛就睁得大大的，形容人非常贪财。

不过，细加品味的话就会发现，字面意义与表达意义之间的差别要比它们之间的相关性联系小得多。因为，它们的表达意义实际上都是沿着字面意义的方向再向前作了一些推演、引申、概括而已，两者之间并无本质上的不同，构不成意义上的两个层次。这种情况与"阿猫阿狗"等稍作对比，便可一目了然。"阿猫阿狗"，字面上是指"猫、狗"，但其表达意义则是"泛指某类人或随便什么人"。它的表达意义由字面的"猫、狗"等指向了"人"，而这明显地不是顺着字面意义原先的方向所作的进一步推演——是一种完全的转变，是意义上的两个层次。可见，像"百年不遇"等，人们没有理由不把它们看作惯用语。

5.3.2　如同成语，惯用语的意义也能大致区别为表述性的、描述性的和指述性的。

惯用语意义中具有表述性质的还是占据着惯用语的多数，比如：

爱不释手：喜爱得舍不得放下。

碍手碍脚：妨碍别人做事。

安分守己：规矩老实，不做违法乱纪的事。

伤天害理：指做事残忍，灭绝人性。

没齿不忘：终身不能忘记。

惯用语意义中具有描述性质的还相当不少，比如：

爱财如命：形容非常吝啬或贪财。

风驰电掣：形容像刮风和闪电那样迅速。

肝肠寸断：形容非常悲痛。

滚瓜溜圆：滚圆，多用来形容牲畜肥壮。

魂不附体：形容恐惧万分。

家徒四壁：家里只有四堵墙，形容十分贫穷。

渺无人烟：迷茫一片，没有人家，形容十分荒凉。

惯用语中具有指述性质的单位，比之于成语，要多出不少，比如：

驴年马月：指不可知的年月。

马路新闻：指道听途说的消息。

生财有道：很有发财的办法（多含贬义）。

巴山蜀水：巴、蜀一带的山水，指重庆、四川一带。

白马王子：指少女倾慕的理想的青年男子。

白面书生：指年轻的读书人，也指面孔白净的读书人。

白山黑水：长白山和黑龙江，指我国东北地区。

本乡本土：家乡。

大男大女：指超过法定婚龄较多的未婚男女。

敌我矛盾：敌对阶级之间由于根本利害冲突而产生的矛盾。

仁人志士：仁爱而有节操的人。

妻儿老小：指全体家属。

5.3.3　对于惯用语意义的解释，《现代汉语词典》（第 5 版）通常采用如下的几种方式。

第一种，直接通过解释字面意义来揭示出该惯用语所要表达的真实意义，比如：

爱莫能助：心里愿意帮助，但是力量做不到。

安居乐业：安定地生活，愉快地工作。

白头偕老：夫妻共同生活到老。

百战不殆：每次打仗都不失败。

饱以老拳：用拳头狠狠地打。

差强人意：大体上还能使人满意。

第二种，首先将惯用语的字面意义揭示出来，然后再在此基础上作适当推演，最终形成该惯用语的真实意义。比如：

爱答不理：像是理睬又不理睬，形容对人冷淡、怠慢。

跋山涉水：翻越山岭，蹚水过河，形容旅途艰苦。

百年不遇：一百年也碰不到，形容很少见到或很少出现。

百折不挠：无论受多少挫折都不退缩，形容意志坚强。

捶胸顿足：用拳头打胸部，用脚踩地，形容非常焦急、懊丧或极度悲痛的样子。

暴跳如雷：跳着脚喊叫，像打雷一样，形容大怒的样子。

人云亦云：人家说什么自己也跟着说什么，形容没有主见。

第三种，将推演后的意义直接揭示出来，比如：

爱财如命：形容非常吝啬或贪财。

嗷嗷待哺：形容饥饿时急于求食的样子。

百无一失：形容绝对不会出差错。

膀大腰圆：形容人的身体高大粗壮。

冰天雪地：形容冰雪漫天盖地，非常寒冷。

唇红齿白：形容人容貌秀美（多用于儿童、青少年）。

第四种，首先指明出处，然后再将推演后的意义直接地揭示出来。不过，这种情形在惯用语的解释中并不多见。比如：

司空见惯：相传唐代司空李绅请卸任和州刺史刘禹锡喝酒，席上叫歌伎劝酒。刘作诗："……司空见惯浑闲事，断尽江南刺史肠。"现在用"司空见惯"表示看惯了就不觉得奇怪

叹为观止：春秋时吴国的季札在鲁国观看各种乐舞，看到舜时的乐舞，十分赞美，说看到这里就够了，再有别的乐舞也不必看了。后来指赞美看到的事物好到极点。

按照我们的理解，惯用语的意义只有一层，而且，这一层的意义从字面上就能够完全或大致看出来。因此，意义的解释可以采用直接法，即将惯用语的意义直接揭示出来，如上述的第一种、第三种和第四种的情形。对于意义能完全从字面看出来的惯用语来说，这自不待言，因为字面的意义等于它的真实表达意义。对于字面意义与真实表达意义之间存在些许差别的惯用语来说，不对其字面的意义作出解释，一般也不会影响到社会对惯用语意义的理解（这与成语的情况不同）。要知道，真实表达意义与字面意义之间的差别很小，社会很容易由此及彼。

5.4 歇后语的意义

5.4.1 歇后语的"谜底"是对各自所对应的"谜面"的揭示，是"谜面"的意义解释。换言之，歇后语结构中的"谜底"其实即是各对应"谜面"所要表达的意义。比如"猫哭老鼠——假慈悲"，"谜底""假慈悲"就是该歇后语"谜面"的表达意义；再比如"孔夫子搬家——尽是书（输）"，"尽是书（输）"就是该歇后语"谜面"的意义。

这一点上，它与其他各类固定语毫无共同之处。需要指出的是，作为意义的"谜底"只是相对于"谜面"而言，只适用于所面对着的"谜面"。

歇后语作为参与社会交际的单位，其表达意义已经不能再仅仅局限于所面对的"谜面"——需要突破"谜面"的羁绊而进行更进一步的抽象、概括，以便它们能在更广的层面上为社会所使用。这就是说，歇后语的表达意义与其结构组成中的"谜底"又不应该相同，而且，歇后语的意义表达事实上也正是如此。

突破"谜底"并在"谜底"基础上形成歇后语表达意义的途径，可借助以下这些不同的例子看出个大概来。

A 类

黄鼠狼给鸡拜年——没安好心

大年初一吃饺子——想到一块了

聋子的耳朵——摆设

三十晚上盼月亮——指望不上

肉包子打狗——有去无回

B 类

三十年的寡妇——好守（手）

打架抓胡子——牵（谦）须（虚）

王八屁股——龟（规）腚（定）

隔着窗户吹喇叭——鸣（名）声在外

桅杆上插鸡毛——好大的掸（胆）子

A 类中，相对于"谜面"的"谜底"，表面上与所在歇后语表达的意义似无不同，但实质上彼此的差异还是存在的。拿"大年初一吃饺子——想到一块了"来说，"谜底""想到一块了"是对"谜面""大年初一吃饺子"这一现象的真实描述，是针对这一现象有感而发的议论。而作为歇后语的表达意义，虽然意思上也是"想到一块了"，但很明显，它已脱离开具体"谜面"的束缚，是更抽象层次上的"想法一样"的意思。这种情况或许在"聋子的耳朵——摆设"中会看得更清楚些。

作为"谜底"的"摆设"，是对聋子耳朵毫无作用这一情况的表述，但在歇后语中，其表达意义显然已经摆脱了聋子耳朵的影响，上升为"徒有虚表而毫无实际作用"。——自然，使用上也不再仅仅适用于聋子的耳朵了。

相较于 A 类，B 类的意义转化途径较为明显——是通过谐音的办法将具体的"谜底"意义抽象、上升为歇后语的表达意义的。"谜底""牵须"是对"谜面""打架抓胡子"的形象描述，因其发音近同于"谦虚"而使得整个歇后语转化成表示"谦虚"的意思——这种谐音的转化致使歇后语的表达意义完完全全抛开了原先的"谜面"。

5.4.2 歇后语的意义表达大致能区分出两大类别（有关内容可参看 2.4.3.3 的分析）。

一类，谜底的字面意义大体上就是所在歇后语的表达意义（它们其实是有区别的，有关内容详见 5.4.1）。比如：

矮子队里选将军——如何选得出（意义：指条件太差，无法选出合适的人）

八十岁学吹打——老来忙（意义：到老了才忙乎做某事）

拜佛进了尼姑庵——投错了门（意义：指找错了地方）

半边铃铛——响（想）不起来（意义：事情等记不起来）

自行车下坡——不踩（睬）（意义：不加理睬）

另一类，谜底自身含有双层的意义，歇后语的表达意义蕴含在字面意义之后。比如：

木头眼镜——看不透（意义：不能透过遮挡物而看见；比喻看不到事物的本质）

不熟的葡萄——酸得很（意义：葡萄等味道酸；指言谈、行为假装斯文）

挨了霜打的茄子——蔫了（意义：花木、水果等因失去所含的水分而萎缩；比喻人情绪低落）

八月的棉花——咧开啦（意义：八月里棉桃绽开；比喻喜笑颜开）

陈年的被子拆了灶的炕——早凉了（意义：睡觉时留下的体温已

经凉了；比喻彼此感情单薄，关系疏
远）

5.4.3　歇后语总给人以幽默、诙谐的感觉，因此，它通常还被称作"俏皮话"。"俏皮话""俏"从何来，这倒可以作出一番思考。据观察，"俏"的形成与以下三个因素有着密不可分的关系。

第一，谜面形成的意象充满意趣，像"牛尾拍苍蝇（——碰巧）"、"大炮打蚊子（——有劲使不上）"、"老虎头上打苍蝇（——谁敢）"、"一根筷子吃面（——单挑）"、"泥菩萨过江（——自身难保）"、"向和尚借梳子（——找错人）"等谜面无不如此。个中的重要原因在于，不少谜面构拟的景象虽说都来源于现实生活，但常常又高于现实生活，让人觉得"源于生活"的荒唐，从而给人以"会心"一笑。①

第二，谜底对谜面的揭示多有出人意料又在情理之中的笑料因子。谜面只是引子，如何对谜面进行揭示作出解释，这其中多有玄妙之处。比如，针对"剃头铺关门"这一谜面，可用来作出解释的"谜底"未尝不可以是"不剃了"、"没处剃头"等，但时下采用的却是以"不理"来作为它的谜底，给人以回味之后妙不可言的感觉。类似这样的情形，歇后语中确实并不少见：

袜底儿改帽子——一步登天

小孩没娘——说来话长

姓林——木木的

胸口挂钥匙——开心

阎罗王的爷爷——老鬼

坐在飞机上打电话——空谈

第三，谜底与歇后语表达意义之间的转换充满诸多"意外"。有些歇后语的表达意义通过谐音的方式来实现，而谐音本身即是由此及彼，给人新奇。另外，谜底可"谐"的音实际上很多。歇后语最后具体"谐"什么音，这相当程度上与社会想多大程度上制造出诙谐、幽

---

① 并不是说，完全源于生活的谜面就一定没有意趣，比如"小葱拌豆腐（——一清二白）""刀切豆腐（——两面光）"等。

默的效果有关。拿"石头人开口——说石（实）话"来说，谜底借用"石"谐音"实"，这着实会让人觉得十分新鲜，与此同时，"石"之所以谐音"实"而不是别的成分，是因为"实"与谜底中的其他成分刚好组成现成的"说实话"，从而带给人更大的意外，让人感觉谐音的巧妙与精致。以下是一些类似的例子：

龙王搬家——离海（厉害）

和尚打伞——无发（法）无天

猪八戒摆手——不伺猴（候）

俏大姐的头发——梳（输）得光光的

三伏天的雨——一场大洗（喜）

山上滚石——石（实）打石（实）

姓何的嫁给姓郑的——郑何氏（正合适）

正是因为歇后语的"俏"牵涉上述三个因素，而不同歇后语在上述各因素上的表现又不尽相同，这使得不同歇后语在"俏"的程度上多少会存在些差异。比如，以下这些歇后语，"俏"的程度比较高，能给人以更大的诙谐幽默感：

阎王爷贴告示——鬼话连篇

一百只麻雀炒一盘——嘴多

肉包子打狗——有去无回

水盆里扎猛子——不知深浅

跳蚤放屁——生来小气

脱掉裤子打老虎——既不要脸，又不要命

掌心上出毛——老手

猪八戒照镜子——里外不是人

也有一些歇后语，"俏"的程度要低些，至少对大多数社会成员而言，它们是这样的。比如：

棋盘上的卒子——只能进不能退

司马昭之心——路人皆知

姜太公钓鱼——愿者上钩

王婆卖瓜——自卖自夸

王小二过年——一年不如一年

周瑜打黄盖——一个愿打一个愿挨

韩信将兵——多多益善

5.4.4　由于歇后语的"谜底"多多少少揭示出了它的表达意义（详见 5.4.1），因此，在多数人眼中，歇后语的意义没有必要再通过工具书等作出更进一步的解释。早先出版的《歇后语大全》就只是将收集来的歇后语罗列了出来，未对其意义作出任何的解释。不过，随着时间的推移和人们对歇后语研究的深入，随着社会对歇后语理解要求的提高，歇后语"谜底"所传递出来的那一部分意义已经远远满足不了大家的胃口。出于社会现实变化的考虑，现在出版的一些歇后语词典比如《汉语歇后语辞典》（陈光磊主编，汉语大词典出版社，2005）、《忻州歇后语词典》（张光明主编，上海辞书出版社，2006）等开始注重歇后语意义的解释。

以下两条歇后语的释义例子摘自《汉语歇后语辞典》：

狗戴帽子——都是朋友

狗戴上帽子装人样，竟然被认作朋友。讥讽人不论好人坏人，都视为朋友……

狗戴嚼子——胡勒

嚼子：为了便于驾驭而横放在牲口嘴里的小铁链。勒：收住缰绳不让牲口前进。嚼子本该戴在牲口嘴里，让狗戴上，自然是胡勒。谓乱来，胡说……

以下两条歇后语的释义例子则摘自《忻州歇后语词典》：

狐子学猫儿叫唤——有些儿名堂

名堂：样子。据说狐狸为吃鸡，有时学猫叫，学得还挺像。这里指某人做得还像个样子……

狗吃稀屎——全凭舔哩

稀屎：很稀的粪便。舔：双关，本指用舌头接触东西或取东西，转以讽刺巴结上司或权贵。狗吃很稀的粪便时全靠舌头来舔，讥讽人得宠一时或满足欲望是全靠巴结有权势的人实现的……

歇后语的意义虽然直白，但确实仍然有解释的必要性。歇后语某种程度上近同于成语——"谜面"部分相当于成语的表层意义。理论上，歇后语意义解释如同成语，首先考虑的对象应该是"谜面"。因为"谜底"是对"谜面"某种角度、某个方面的揭示与解释，弄清楚"谜面"构成的真实意图，对"谜底"的理解自然就有不少的帮助。也许有人会问，既然"谜底"已经对"谜面"作出了解释，为何在释义时还要对"谜面"再行作出解释，岂不有重复之嫌？不能这样一概而论。有些"谜面"的构成素材具有某种局限性，社会理解起来存在着一定的困难——需要通过解释来达到消弭理解上的这种障碍。比如，"穷得像坏脱的水龙头——答答滴"中的"坏脱的"就是方言，表示"坏了的"意思；再比如，"青龙共白虎同行——吉凶事全然未保"中的"青龙"、"白虎"，指"旧时星相家以青龙为吉祥之神，以白虎为凶神"；等等。此外的另一种情况是，"谜面"虽然直白，但从"谜面"到"谜底"，其间实际上经历了较为复杂的演绎过程，这种过程在歇后语中被省略掉了——需要通过解释来填补上"谜面"与"谜底"之间的空档。比如，歇后语"说书人落泪——替古人担忧"中的"谜底"与"谜面"之间总觉不那么顺畅，或者对为什么会是这样的"谜底"感到疑惑。这种情况下，解释将会起到十分关键的作用。原来，说书人所说的内容大都是古代的人和事，为故事中的人和事伤心落泪，这不就等于在替古人担忧吗？再比如"骑马不带鞭子——拍开了马屁"，因为没带鞭子，要想让马快跑，所以只得用手去猛拍马的屁股。这样的情形在采用历史故事构成"谜面"的歇后语中较为多见：

刘备借荆州——只借不还

徐庶入曹营——一语不发

司马昭之心——路人皆知

孔夫子搬家——尽是书（输）

诸葛亮斩马谡——含泪决定的

鲁班门前耍斧头——不知天高地厚

当然，如果"谜面"的构成十分直白，非常通俗，意义解释上也未尝不可以越过这一步骤，直接点明所在歇后语的表达意义，就像《汉语歇后语辞典》对"老虎屁股——摸不得"、"肉包子打狗——有去无回"等的解释：前者直接指明其意义是"讥讽某些人自以为厉害，碰不得"，后者也直接解释成"一去再也不回来"。

§6 固定语的现代汉语范围

6.1 存在着的问题

现代汉语由汉语的共时部分组成，它的语音、词汇和语法等都处于这一层面上。任何历时性的成分，对共时角度的现代汉语来说，应不予理睬并努力将它们排除在外。

固定语是词汇中地位和作用上相当于词的一类单位，同词共同构成词汇的全部内容，共同为完成语言交际提供"建筑材料"。现代汉语[①]固定语，虽然指的是固定语在现代汉语层面上的这部分，但由于现代汉语是古代汉语的继承与发展，现代汉语固定语中的绝大部分实际上早在1919年"五四"新文化运动之前[②]的各种文献里就已经出现过。据统计，《现代汉语词典》（修订版）收录固定语[③]计3785条，其中产

---

① "现代汉语"有广义和狭义两种理解，本文取狭义理解，仅用以指普通话。
② 现代汉语一般是指1919年"五四"新文化运动以后的汉民族语言。
③ 所指范围较小，只涵盖成语、惯用语这两部分。

生于现代时期之前、能在古典文献中找到确切例证的就有 3178 条[①]，约占统计总数的 84%。具体分布情况是：

先秦有 555 条。其中：

《老子》：19 条	《诗经》：44 条	《战国策》：47 条
《庄子》：59 条	《左传》：84 条	《韩非子》：19 条
《尚书》：26 条	《春秋》：2 条	《文子》：15 条
《吴子》：2 条	《荀子》：15 条	《孟子》：49 条
《孙子》：11 条	《孝经》：1 条	《吕氏春秋》：13 条
《离骚》：1 条	《九歌》：2 条	《论语》：51 条
《尉缭子》：1 条	《山海经》：2 条	《周易》：27 条
《公羊传》：6 条	《孙膑兵法》：1 条	《管子》：18 条
《列子》：7 条	《邓析子》：3 条	《楚辞》：4 条
《墨子》：2 条	《穀梁传》：3 条	《国语》：8 条
《周礼》：1 条	《尸子》：1 条	《慎子》：1 条
《宴子春秋》：9 条	《鹖冠子》：1 条	

秦汉时期：349 条。

三国时期：19 条。

魏晋南北朝时期：239 条。

隋唐时期：396 条。

五代十国时期：29 条。

宋代时期：491 条。

金朝时期：5 条。

元朝时期：192 条。

明朝时期：357 条。

清朝时期：546 条。

---

① 《现代汉语词典》（修订本）中收录的条目一般并不注明出处。我们根据《现代汉语词典》（修订本）中收录的全部条目，然后对照《汉语成语考释词典》（刘洁修编，商务印书馆，1997）、《中华成语大词典》（向光忠、李行健、刘松筠主编，吉林文史出版社，1986）、《汉语成语词典》（李一华、吕德申主编，四川辞书出版社，1992）和《多功能义类成语大辞典》（韩根东主编，中国商业出版社，1994），逐一核对它们是否有出处。以上统计数字据此而来。

虽然收录在《现代汉语词典》（修订本）中的全部固定语并不能确切反映出现代汉语固定语的全貌，收录的这些成员更不见得就都是现代汉语中的成员，但现代汉语固定语表现在来源上的这种特点十分明显和突出。这种情况下，确定固定语在现代汉语中的范围，相当程度上就等于是弄清楚产生于古代的固定语中哪些能成为现代汉语中的成员这一重要问题。①

学术界围绕固定语而作的研究大多集中在它的性质、它的意义表达和结构组成特点等方面，而对固定语范围的关注相对较少些。即使偶尔涉及固定语的范围，那也多半从固定语与非固定语区分的角度来谈，鲜有专门从共时与历时区分的方面探讨现代汉语固定语的范围问题。诚然，明确哪些是固定语、哪些是非固定语对划定现代汉语固定语的范围显然是必要的，但这仅仅是一个方面，而且也只适用于对给定的词组作出是否成为固定语的判定上。可对于已经确切知道给定的词组就是固定语的情况下，它就不起任何作用，用它无法去鉴别所面对的对象是否能成为现代汉语中的一个成员。

理论研究的滞后，使得现代汉语固定语范围的确定缺乏一定的标准，给实践工作特别是词典编纂实践带来不少困惑：面对固定语，不知道它能不能算做现代汉语中的具体成员，是否具有现代汉语的资格。这样，不同的人只能根据自己的理解来对它们是否具有现代汉语资格作出判断，从而形成大小各不相等、收录成员大有出入的不同的现代汉语固定语的范围。单拿《现代汉语词典》（修订版）来说，有些书面色彩非常浓、现代汉语中极为罕用的固定语也被收录了进来。根据整理，这些单位大略有以下这些：

跋前踬后	匕鬯不惊	髀肉复生
变生肘腋	补苴罅漏	不差累黍
不宁唯是	不祧之祖	察察为明
椎心泣血	蹿房越脊	厝火积薪

---

① 现代汉语固定语范围的确定与不少方面比如方言等都有关联。本文只就同古代汉语方面的联系作初步分析。

大醇小疵	大旱望云霓	箪食壶浆
得其所哉	等因奉此	方枘圆凿
匪夷所思	绠短汲深	光风霁月
衮衮诸公	回嗔作喜	毁家纾难
积不相能	积羽沉舟	积铢累寸
吉光片羽	肩摩毂击	金刚努目
金枝玉叶	敬谢不敏	鸠形鹄面
揆情度理	临深履薄	流金铄石
旅进旅退	沦肌浃髓	马齿徒增
灭此朝食	鸣鼓而攻之	拟于不伦
涅而不缁	盘马弯弓	袍笏登场
跑马卖解	蓬户瓮牖	企足而待
起死人，肉白骨	秦楼楚馆	群轻折轴
人莫予毒	如蚁附膻	入主出奴
圣经贤传	时乖运蹇	嗜痂之癖
噬脐莫及	率由旧章	吮痈舐痔
太阿倒持	叹观止矣	探赜索隐
倘来之物	投畀豺虎	徒托空言
兔起鹘落	瓦釜雷鸣	韦编三绝
文恬武嬉	为渊驱鱼，为丛驱雀	吴牛喘月
五日京兆	勿谓言之不预	席不暇暖
闲云野鹤	枵腹从公	宵衣旰食
心劳日拙	薪尽火传	虚应故事
形格势禁	兄弟阋墙	雪泥鸿爪
穴居野处	薰莸不同器	延颈企踵
宴安鸩毒	扬幡招魂	一仍旧贯
伊于胡底	以暴易暴	以子之矛攻子之盾
亿万斯年	饔飧不继	用舍行藏
予取予求	鱼鼓道情	再衰三竭

彰明较著	锥处囊中	折冲樽俎
震古烁今	朝乾夕惕	指不胜屈
治丝益棼	钟鸣鼎食	踵事增华
铢积寸累	铢两悉称	属垣有耳
筑室道谋	追奔逐北	
着手成春	斲轮老手	

与此相反，有一些产生年代虽然较为久远，但现在还十分常见、使用面又较广的固定语却并没有为《现代汉语词典》（修订本）所辑录（括号中的朝代说明该固定语在当时已经被运用）。例如：

百依百顺（明）	比比皆是（宋）
不欢而散（清）	称心如意（宋）
胆小如鼠（清）	逢凶化吉（清）
不堪入目（清）	不远千里（《管子》）
才子佳人（宋）	差强人意（南朝）
嗤之以鼻（清）	风和日丽（元）
大名鼎鼎（清）	固执己见（五代）
大惊失色（明）	发号施令（《尚书》）
活龙活现（明）	饥寒交迫（清）
举棋不定（《左传》）	据理力争（明）
口说无凭（元）	落落大方（清）
量力而行（《左传》）	留连忘返（《孟子》）
弥天大罪（唐）	妙不可言（晋）
梦寐以求（《诗经》）	束手无策（宋）
身不由己（宋）	身临其境（清）
挺身而出（晋）	嬉笑怒骂（宋）
显而易见（清）	继往开来（明）
粗心大意（清）	错落有致（清）[1]

---

[1] 这儿列举出的仅仅是此中很少的一部分。

应该看到，由于任何一个固定语都处在时间的纵轴线上，前后绵延互有联系。加之，古代汉语（相对于现代汉语而言）中存在的固定语一般没有标明它们自身古代汉语性质的标志——无论是语音形式还是意义表达等重要方面都同现代汉语中的固定语毫无二致。看来，要想极为精确地确定出共时层面上的固定语范围，当中的困难可想而知。尽管这样，通过努力，找出借以判断的某种合理标准，并通过这种标准来划定现代汉语固定语的范围，相信还是基本可以做到的。

6.2 现代汉语固定语范围确定的困难

从来源上看，固定语不外乎这么两个方面：一是来自现代之前，比如"见贤思齐"、"大吹大擂"、"俯拾即是"等；二是来自现代之后，比如"升级换代"、"西装革履"、"建言献策"、"楼堂馆所"、"零存整取"等。产生于现代之后的固定语，因为用以构筑它们的材料一般也都来自现代汉语，所以，较为容易将它们接受成为现代汉语中的成员。

不过，固定语中的大多数都来源于现代之前。这部分固定语，由于其构筑用的材料都是古汉语的，比如"匕鬯不惊"、"比翼齐飞"、"蓬头垢面"、"徙薪曲突"、"人云亦云"等，格调上与现代汉语相距较远，根据什么对它们能否成为现代汉语范围中的成员作出判断，的的确确是一个令人十分头疼的问题。

6.3 与现代汉语固定语确定相关的因素

产生于古代①的固定语②要成为现代汉语中的成员，当中可能有哪

---

① 这儿所指的古代是指清朝及清朝以前的历朝历代。

② 对于存在于古代文献中的有些单位是不是具有固定语的资格，有不同的意见。关于这些，本文将不予讨论。需要说明的是，文章中所列出的固定语都是至少在各类工具书中出现过的。

些因素在起作用，这是需要首先予以研究和解决的。只有在明确了影响成为现代汉语固定语各种因素的情况下，才能抓住矛盾的主要方面有针对性地进行研究，也才可能找出解决问题的方法。

历史上的固定语在进入现代汉语的过程中，会受到多种不同因素的制约，概括起来主要包括以下不同的几类。

1，社会对产生固定语文献的熟悉程度

绝大部分固定语产生自某种文献，固定语往往同赖以产生的文献紧密地联系在一起。经常有这样的情况出现：因了解了某文献才对源自该文献的固定语有认同感和亲切感。就是说，人们对文献熟悉程度的高低，一定程度上影响到对来源于该文献固定语的认可程度。产生固定语的文献如果有较高的社会熟悉度，固定语则多半容易为社会所接受；如果情况反之，固定语常不容易受到社会的关注，从而较难进入现代汉语。比如，《论语》是国人较为熟悉的著作，文中出现的固定语有 110 条，而它们当中单被《现代汉语词典》（修订本）收录进的就有像"不亦乐乎"、"一言以蔽之"、"温故知新"、"见义勇为"、"既往不咎"、"举一反三"、"愚不可及"等 51 条。除此的不少单位虽未被《现代汉语词典》（修订本）收录，但实际上未尝不可以算成现代汉语词汇范围中的成员。比如：

犯上作乱	巧言令色	言而有信
温良恭俭让	敏而好学	是可忍孰不可忍
学而不厌	乐以忘忧	不在其位，不谋其政
众星拱月	无为而治	人无远虑，必有近忧
而立之年	不惑之年	耳顺之年
哀而不伤	见贤思齐	朽木不可雕
三思后行	不知所以	半途而废
暴虎冯河	死而无悔	乐在其中
战战兢兢	如临深渊	如履薄冰
各得其所	食不厌精	一日之长
以文会友	手足无措	君子固穷

有教无类	血气方刚	五湖四海
莞尔一笑	色厉内荏	望而生畏
了如指掌	仁人志士	既来之则安之
怨天尤人		

这样算起来，《论语》中进入现代汉语的固定语就约占《论语》总固定语数的 85.5%。《孟子》情况和《论语》类似，其中的固定语有诸如"不远千里"、"尽力而为"、"出尔反尔"、"一傅众咻"、"引而不发"、"如此而已"、"坚甲利兵"等 66 条，而光被《现代汉语词典》（修订本）收做条目的有"大旱望云霓"、"当务之急"、"独善其身"、"习焉不察"、"左右逢源"、"一毛不拔"、"自怨自艾"等 51 条，也占到总数的 77.3%左右。

相对《论语》和《孟子》而言，《老子》、《荀子》社会流传的面要小一些，此中的固定语进入现代汉语的部分理论分析也会相应地减少些——这在语言事实中得到了证实。下面有关的统计数据充分表明了这一点。

统计项目　　书名	《老子》	《荀子》
总出现数	39 条。例如："功成身退"、"少私寡欲"、"木强则折"、"信言不美"	65 条。例如："言之成理"、"横行天下"、"兴利除害"、"美意延年"
《现代汉语词典》（修订本）收录数	19 条。例如："轻诺寡信"、"和光同尘"、"无中生有"、"自知之明"、"目迷五色"、"根深蒂固"	15 条。例如："按兵不动"、"暴戾恣睢"、"持之有故"、"罚不当罪"、"井井有条"、"拒谏饰非"
约占总数的比例	48.7%	24.1%

2，固定语自身的语体色彩

现代汉语是当今社会中活着的和使用着的一种语言，它为社会的各个阶层提供服务，其中的词汇也必须服从于围绕于语言的这一总目标。历史上书面色彩浓烈的固定语同当今社会的固定语使用要求之间有一段不小的距离，使得它们不大容易出现在各种使用场合中，而这明显成为了它们跨入现代汉语范围的一个巨大障碍——不在或不怎么在现代社会的语言中"抛头露面"，何以能说明它们是现代汉语中的一个成员？这方面以体现出文言色彩的固定语最为显著，它们都不宜作为现代汉语中的成员对待。比如：

人莫予毒	三复斯言	之死靡它
岁不我与	鸣鼓而攻之	亿万斯年
伊于胡底①	允文允武	何其毒也
宜室宜家	莫予毒也	莫此为甚
三复白圭	不宁唯是	何苦乃尔

先前存在着而语体上为中性的或口语的固定语，由于同现今社会的语言尤其是口头语言运用特点较为吻合，因而常受到社会的关注，并凭此而能保持着同现代汉语比较近的关系。近水楼台先得月，进入现代汉语就相对近便些，或者说，在断定它们是否成为现代汉语成员上，社会更倾向于作出肯定的回答，像"硬着头皮（元）"、"有头有脸（清）"、"有气无力（明）"、"无能为力（清）"、"拿手好戏（清）"、"爱财如命（元）"等，是现代汉语词汇中的成员当不会有什么疑问。

3，社会对固定语的知悉程度

固定语的内容和形式方面为社会知悉的程度，同它们能否被现代汉语接收从而成为其中的成员有着比较密切的关联。根据对固定语内容和形式知悉的不同情况，可以分出以下四类来逐一进行分析。

A类，内容和形式都为社会所知悉的固定语，只要有机会，人们就会用到它们，并借助这种不断的使用来扩大其在社会当中的影响力，促使其成为现代汉语范围中的最终成员。比如，"愚公移山"、"龟兔赛跑"、"过街老鼠"等，内容上凭借各种民间故事或寓言而早已家喻户晓，同时形式上又不存在难以认读的偏僻汉字，它们都植根于社会而成为了现代汉语中的一员。

---

① 《现代汉语词典》（修订本）中将它收录为条目，恐怕很值得怀疑。

B 类，社会对其内容和形式都不了解的固定语，人们因不知悉而无从选择它们，无法使它们在语言社会中依靠使用而得到频繁沟通，而这又进一步加剧了它们同社会之间的隔阂，长此以往的结果必定是为现代汉语所抛弃，被排斥在现代汉语词汇范围之外。"髀肉复生"、"匕鬯不惊"、"涅而不缁"等，一来所指内容是什么多半不清楚，二来组成它们的字社会未必认得全，或者字义未必十分清楚，这样的固定语则很难被认为是现代汉语范围中的成员。

C 类，只知悉固定语的内容而不知悉它的形式的可能性理论上倒是存在，但客观情况是，形式是通过对内容的概括形成的，知悉内容一般就会知悉固定语所依凭的形式。因此，C 类实际上同于 A 类。D 类，只知悉固定语的形式而不了解它的内容，比如，除了文盲之外，社会都会认识"美意延年"、"和光同尘"、"日就月将"等固定语，可它们各自所指就不一定十分清楚。尽管这样，仅凭这种形式上的熟悉而多半也能架起它们同社会的某种联系，为社会最终认同它们作好准备，可基本归到现代汉语的范围中去。

4，固定语自身反映的内容

固定语产生于历朝历代的各个时期。不少含有强烈时代色彩或反映特定社会历史事物现象的单位，由于同当今社会生活相去甚远而失去了存在的价值，不能再被当作现代汉语中的成员。这些特殊社会事物现象主要有：

A 类，反映了古代社会中的特有对象，比如：

皇亲国戚	八旗子弟	王孙公子
韦弦之佩	五马分尸	侯服玉食
被发冠缨	袍笏登场	焚膏继晷
焚书坑儒	纵横捭阖	青灯黄卷
抱关击柝	易子而食	哀丝豪竹
钦差大臣	黄天后土	卜宅卜邻
刀耕火种	刀锯鼎镬	土牛木马
胡服骑射	三宫六院	公车上书

金銮宝座	卜昼卜夜	骈四俪六
韦编三绝	抱布贸丝	布衣芒屩
被发左衽		

B类，反映了封建社会腐朽落后的思想意识，比如：

结党营私	九儒十丐	九五之尊
三公九卿	三贞九烈	克己复礼
真龙天子	三从四德	

此外，反映历史故事、历史传说或寓言故事的固定语中，不少字面上直接含有与所反映内容有关的人名、国名或地名（这儿都指古代专名）等。这些固定语，社会要么对它们非常熟悉而十分显豁地将它们归入现代汉语范围，要么对它们很陌生而只能将其排除出现代汉语的范围。它们在现代汉语范围上的分野比较明显，一般不存在两可两不可的情形。下面列举出的固定语语感上应该都是现代汉语中的成员（字下加·的部分是专名）：

愚公移山	泰山北斗	泰山压顶
牛郎织女	邯郸学步	名落孙山
终南捷径	毛遂自荐	黔驴之技
南柯一梦	夜郎自大	女娲补天
暗渡陈仓	得陇望蜀	高阳酒徒
秦楼楚馆	秦晋之好	洛阳纸贵
程门立雪	乐不思蜀	夸父追日
重作冯妇	管鲍之交	郢书燕说
逼上梁山	杞人忧天	班门弄斧
精卫填海	秦庭之哭	萧规曹随
桀犬吠尧	项庄舞剑，意在沛公	
不到黄河不死心	庆父不死，鲁难未已	

而以下这些则不好说是现代汉语中的成员：

自郐以下	夏五郭公	吴牛喘月
吴市吹箫	吴越同舟	隋侯之珠

假途灭虢	太阿倒持	青州从事
郢匠运斧	萧郎陌路	南州冠冕
南冠楚囚	周郎顾曲	周妻何肉
城北徐公	胡越一家	前度刘郎
南阮北阮	梁孟相敬	隋珠和璧
吴头楚尾		

　　虽然影响固定语进入现代汉语的因素比较多，但应该看到，这种影响是有限的，还都不能独立地起决定作用。完全依靠它们当中的任一个因素单独作出判断，得出的结论有的不可靠，有的不全面，有的甚至完全悖于社会的普遍语感。比如，来源于社会熟悉度比较高的文献里的固定语只是容易成为现代汉语词汇中的成员，而非一定就能成为当中的成员。源于社会熟悉度较低的文献中的固定语并不是全都不能步入现代汉语范围中，只不过是数量上少一些罢了。文献社会熟悉度的大小，只带给固定语判别以量上的而非质上的差别，是根本上无法作为鉴别固定语能否进入现代汉语的标准的。类似这样的问题同样突出地表现在其他几个因素上：文言色彩的固定语并非都不能算做现代汉语中的成员，比如"之乎者也"、"呜呼哀哉"、"空空如也"等；社会不太熟悉的固定语如"匪夷所思"等却也可以成为现代汉语里的一员；反映特定历史时期的固定语因意义上的引申而又可能为现代汉语所吸收，比如"钦差大臣"、"焚膏继晷"等。问题的严重性还表现在，上面谈到的这几类因素本身如何判定，就是一个不小并且棘手的问题，什么情况下的文献著作即可以认定是社会熟悉度高的，或反之，可以认定它们的社会熟悉度是低的；什么样的语体就算是口语的，什么样的语体则可以看成书面的或者文言的；固定语到了何种程度便可以认为是人们熟悉了的，什么样的固定语是社会所不熟悉的，等等，其实都还需要作出进一步的研究和说明。显然，这些本身尚有待作出解释的因素毫无疑问是不能用来作为判断固定语能否进入现代汉语的标准的。看来，要找出合理鉴别现代汉语固定语范围的方法，须得另辟蹊径。需要指出的是，虽然以上谈及的各种因素不能作为固定语能

否进入现代汉语的标准，但并不等于它们在固定语能否进入现代汉语
方面毫无作为（详细的论述见下）。

6.4　现代汉语固定语确定的解决途径

语言重在用，"'用'是语言的生命"①，是各种成分最终能落脚
在现代汉语中的根本。循着这一思路，判断历史上产生的固定语是不
是可以成为现代汉语词汇中的一员，同样应该从固定语在当今社会中
的具体运用状况入手。通过对它们在当代社会生活中具体运用的统计
分析来确立现代汉语中固定语的大致范围。

固定语统计包括频率统计和分布率统计两种。立足于考察一个固
定语在当今社会中总共出现了多少次的统计是频率统计；立足于考察
一个固定语在不同语体、不同作者、不同年龄段乃至不同性别的文献
中出现情况的调查，是分布率统计。频率统计结果只能表明该固定语
在社会中的出现频率，并不能由此反映出它在社会中的使用面；分布
率统计倒能表明它们在社会中的分布程度，可不能反映出社会在多大
程度上用到它们。依据其中的任一个方面来确定现代汉语中固定语的
范围，都失之偏颇，判断出的结果同社会的实际语感会存在偏差。要
对它们的社会使用情况作出较为准确、全面的统计，必得将固定语的
使用频率和分布率结合起来考察才行——结合这两者的统计是使用度
统计。就是说，固定语的使用度是用以圈定现代汉语固定语范围的标
准。②

尽管如此，影响固定语的几类因素仍然可以发挥各自的作用，可
以辅助使用度标准来更准确、更便捷地确定现代汉语中固定语的范围。
比如说，文言色彩的固定语、反映古代社会中特定对象的固定语，无

---

① 徐通锵：《语言论》，东北师范大学出版社，1997 年版，第 296 页。
② 这还只是十分笼统的，仅仅用以指明这样做才比较合理。使用度标准的完全确立必须
依赖于以下两个因素：其一，使用度数字的合理统计；其二，选取合适的使用度来作为鉴别的
基准。而这些显然都还有大量的工作要做。

须借助使用度就可以径直将它们排除在现代汉语范围之外，当然，如果非用使用度来考察的话，相信它们的使用度也会十分低。我们考察了《现代汉语频率词典》（北京语言学院出版社，1986），发现"不桃之祖"、"不宁唯是"、"椎心泣血"、"大醇小疵"、"饿殍载道"、"故甚其词"、"察察为明"等书面色彩浓烈的固定语，使用度连 1 都达不到；反映古代社会特定对象的固定语，像"韦弦之佩"、"五马分尸"、"侯服玉食"、"被发左衽"等，它们的使用度则更不用说，都同样达不到 1。

再比如，当几个固定语统计出的使用度相差无几而语感上觉得又不能都当作现代汉语中的成员时，不妨考察一下它们在社会中的熟悉程度、它们据以产生的文献情况。如果社会相对比较熟悉或产生文献的社会熟悉度较高，那么宜从发展的角度将它们算做现代汉语中的成员。纯粹从使用度的角度来说，"旁逸斜出"、"列祖列宗"、"狗彘不食"、"炫博矜奇"、"相荡相薄"、"苇荛枚子"、"哼哈二将"等应该和诸如"无恶不作"、"讨价还价"、"谈笑风生"、"损人利己"、"生离死别"、"十全十美"、"三长两短"等同列，因为它们的使用度都是 1——如果因此而将它们都看作现代汉语中的成员，这恐怕非常不合社会的语感基础。结合社会对它们是否熟悉等因素就可考虑将前者排除在现代汉语范围之外。

实际上，用以确定固定语使用度的语料不管多么丰富，选择的范围多么广，相对于社会全部的语料来说，终究还是有限的，使用度统计自身不可能十分完美，因此，具体判断上结合社会熟悉的程度等方面的不同影响因素来加以综合考察，是必要的。《汉语水平词汇与文字等级大纲》①（国家对外汉语教学领导小组办公室汉语水平考试部编，北京语言学院出版社，1992。以下简称《词汇大纲》）共收词语 8822 条，其中固定语计 158 条。而根据《现代汉语频率词典》对不到 8800

---

① 该大纲是一个规范性的汉语水平词汇和文字大纲，是我国初等、中等汉语水平、高等汉语水平和我国对外汉语教学总体设计、教材编写、课堂教学以及成绩测试的主要依据，可作为我国各少数民族汉语教学以及中小学语文教学的重要参考，也可作为编制汉语水平四级通用字典及其他辞书编纂的框架范围。

条词语的使用度^①统计，位列其中的固定语却只有"实事求是"、"各种各样"、"四面八方"、"聚精会神"、"自私自利"、"五光十色"、"莫名其妙"等 39 条。就算这 39 条全部被《词汇大纲》收录（实际上有些单位像"贫下中农"、"国计民生"、"欣欣向荣"等都没有被收录），还有 119 条是高使用度之外的单位，像（括号中是《现代汉语频率词典》统计出来的使用度。下同）"走后门（5）"、"按劳分配（5）"、"总而言之（5）"、"供不应求（4）"、"斩草除根（3）"、"斩钉截铁（3）"、"滔滔不绝（3）"、"一干二净（2）"、"显而易见（2）"、"无微不至（2）"、"万古长青（1）"、"讨价还价（1）"、"十全十美（1）"等。可见，《词汇大纲》在具体确定各等级应该掌握的词汇时，就已经注意结合社会中的其他因素来帮助选择，而这样的一种做法应该被看成合适的、合理的。

固定语在现代汉语中并不是地位平等地罗列于一起，从各自的使用度上可以看出它们其实成一定的层级状态分布。有些固定语的使用度较高，它们可以归为一类，是基本固定语——所具有的现代汉语资格基本能得到社会的普遍认同。比如：

实事求是（39）	无论如何（25）
各种各样（25）	贫下中农（24）
自言自语（20）	四面八方（17）
聚精会神（16）	无可奈何（15）
轰轰烈烈（11）	兴高采烈（11）
自私自利（10）	无穷无尽（10）
目不转睛（9）	全心全意（9）
同心同德（8）	千方百计（8）
莫名其妙（7）	津津有味（7）
百花齐放（6）	永垂不朽（6）
专心致志（5）	提心吊胆（5）

———————————

① 前 8000 多词语的使用度最低是 6。

除高使用度之外的所有固定语是一类，为一般固定语，比如：

针锋相对（4）	因地制宜（4）
供不应求（4）	随心所欲（4）
苦心孤诣（3）	废寝忘食（3）
发扬光大（3）	迎刃而解（3）
应接不暇（2）	居高临下（2）
惩前毖后（2）	孤注一掷（2）
知己知彼（1）	烟消云散（1）
语无伦次（1）	栩栩如生（1）

基本固定语和一般固定语的区分同各自的使用度紧密相关，而什么样的使用度算是高的、什么样的使用度算是低的，却一般不好掌握，有着一定程度的主观性。尽管这样，但有一点却是可以肯定的，基本固定语是固定语中的基本部分，是小部分。确定出的使用度如果把握住了这一总的精神，就得认为它是比较合理的、可以接受的。

现代汉语固定语的范围是动态的而非静止不变的。基本固定语同一般固定语相互转化的情形自不必多说，高使用度的"贫下中农"现今看来不会再属于基本固定语。尤其需要指出的是，现代汉语当中的固定语并不都是"终身制"，原先为现代汉语成员的固定语有可能退出这一范围，比如"文攻武卫"、"牛鬼蛇神"、"上山下乡"等。与此相反，原本不是现代汉语成员的固定语有可能转为其中的一员，现在不曾用到的一些固定语将来可能陆陆续续地从"历史"走向"现实"。随着人们文化知识水平的提高和整个社会文明素质的进步，社会会不断从浩瀚的历史文献中汲取各种养分，因此有理由相信，从"历史"走向"现实"的固定语定然会不断增加。

主要参考文献

孙维张：《汉语熟语学》，吉林教育出版社，1989。

刘叔新：《词汇学和词典学问题研究》，天津人民出版社，1984。

刘叔新：《汉语复合词的内部形式的特点与类别》，《中国语文》，1985
年第 3 期。

刘叔新：《汉语描写词汇学》，商务印书馆，1990。

温端政：《汉语语汇学》，商务印书馆，2005。

温端政：《汉语语汇学教程》，商务印书馆，2006。

周荐：《惯用语新论》，《语言教学与研究》，1998 年第 1 期。

郎峻章：《现代汉语里的惯用语》，《吉林师大学报》，1963 年第 1 期。

张风格：《口语习用语研究的两个问题》，《语言文字应用》，2005 年第
2 期。

吕叔湘：《略语是不是词儿》，《中国语文》，1955 年第 8 期。

吕叔湘：《汉语语法分析问题》，商务印书馆，1979。

吕叔湘：《汉语语法论文集》（增订本），商务印书馆，1984。

郭良夫：《论缩略》，《中国语文》，1982 年第 2 期。

徐世荣：《双音节词的音量分析》，《语言教学与研究》，1982 年第 2 期。

武占坤、王勤：《现代汉语词汇概要》，内蒙古人民出版社，1983。

刘洁修：《成语》，商务印书馆，1985。

倪宝元、姚鹏慈：《成语九章》，浙江教育出版社，1990。

О.Л.叶尔玛科娃、Е.А.泽姆斯卡娅：《构词法和词的内部形式的比较研究》，《语言文学论集》（三），1987。

周光庆：《成语内部形式论》，《华中师范大学学报》，1994 年第 5 期。

张清常：《再说惯用语》，《语言教学与研究》，1993 年第 2 期。

徐通锵：《语言论》，东北师范大学出版社，1997。

彭楚南：《两种词和三个连写标准》，《中国语文》，1954 年第 4 期。

陆志伟：《汉语词的构词法》，科学出版社，1957。

张永言：《词汇学简论》，华中工学院出版社，1982。

王力：《中国语法理论》（上），中华书局，1954。

朱德熙：《语法讲义》，商务印书馆，1982。

刘德联、刘晓雨：《汉语口语常用句式例解》，北京大学出版社，2005。

王振昆：《词汇的规范化与词的内部形式》，《汉语学习》，1983 年第 4 期。

王吉辉：《现代汉语缩略词语研究》，天津人民出版社，2001。

王吉辉：《词汇学丛稿》，中央文献出版社，2001。

王吉辉：《一种由充实固定格式而形成的固定语》，《语言学论辑》第四辑，南开大学出版社，2002。

刘洁修：《汉语成语考释词典》，商务印书馆，1997。

国家对外汉语教学领导小组办公室汉语水平考试部编：《汉语水平词汇与文字等级大纲》，北京语言学院出版社，1992。

国家对外汉语教学领导小组办公室汉语水平考试部编：《现代汉语频率词典》，北京语言学院出版社，1986。

陈光磊主编：《汉语惯用语辞典》，汉语大词典出版社，2004。

陈光磊主编：《汉语歇后语辞典》，汉语大词典出版社，2005。

中国民间文艺出版社资料室、北京大学中文系资料室编：《歇后语大全》

第 1～4 册，中国民间文艺出版社，1987。

张光明主编：《忻州歇后语词典》，上海辞书出版社，2006。

施宝义等编：《汉语惯用语词典》，外语教学与研究出版社，1985。

王德春主编：《新惯用语词典》，上海辞书出版社，1996。

中国社会科学院语言研究所词典编辑室编：《现代汉语词典》（修订本），商务印书馆，1996。

中国社会科学院语言研究所词典编辑室编：《现代汉语词典》（第 5 版），商务印书馆，2005。

李一华、吕德申编：《汉语成语词典》，四川辞书出版社，1992。

李一华、吕德申编：《古今汉语成语词典》，山西教育出版社，1991。

向光忠等主编：《中华成语大辞典》，吉林文史出版社，1986。

韩根东主编：《多功能义类成语大辞典》，中国商业出版社，1994。

孙维张主编：《中华语海》，东北师范大学出版社，1996。

徐宗才、应俊玲：《惯用语例释》，北京语言学院出版社，1985。

温端政等：《中国歇后语大词典》，上海辞书出版社，2002。

Cacciari C., Tabossi P., The comp rehension of idioms [J]. Journal of Memory and Language, 1988, 27: 668-683.

Cacciari C., Glucksber S., Understanding idiomatic expressions: the contribution of word meanings [M]. In: G. Simpson (Ed.), Understanding Word and Sentence,Amsterdam: North Holland, 1991: 217-240.

Gibbs R. W., Nayak N. P., sycholinguistic studies on the syntactic behavior of idioms [J]. Cognitive Psychology, 1989, 21: 100-138.

Gibbs R. W., Nayak N. P., Cutting C., How to kick the bucket and not decompose: analyzability and idiom processing [J]. Journal of Memory and Language, 1989, 28:576-593.

Nayak N. P., Gibbs R. W., Concept knowledge in the interpretation of idioms [J]. Journal of Experimental Psychology: General, 1990, 119 (3): 315-330.

Gibbs R. W., What do idioms reallymean? [J]. Journal of Memory and Language, 1992, 31: 485-506.

J.L.Packard, The Morphology of Chinese: A Linguistic and Cognitive Approach. Cambridge University Press, 2000.

Taylor, J., Linguistics Categorization: Prototypes in Linguistics Theory, Oxford: Claradon Press, 1989.

后　记

　　从事词汇研究以来，对固定语的关注似乎就一直没有中断过，也有一些零星的想法行诸笔端，陆续刊发出来的文章有《成语的范围界定及其意义的双层性》（《南开学报》，1995，6）、《典故与成语》（《汉语学习》，1997，2）、《意义的双层性及其在成语惯用语划分中的具体运用》（《南开学报》，1998，4）、《从新产生四字格固定语的具体归属看成语和惯用语的划分》（《语言学论辑》第三辑，南开大学出版社，2000）、《一种由充实固定格式而形成的固定语》（《语言学论辑》第四辑，南开大学出版社，2002）、《固定语的现代汉语范围》（《南开语言学刊》，2002，12）以及《从原型理论来看固定语的识别》（《词汇学理论与应用》，商务印书馆，2004）。尽管这样，总还觉得不够，对固定语中的有些问题还有些话要说，于是便有了《固定语研究》这本小书。

　　《固定语研究》以先前的研究心得为基础，并增加了之前未曾涉及的"固定语位"和"固定语类别"等章节。对原先已有涉及的部分，有些在内容、材料上进行了补充、扩展或者修改，有些则基本上没作什么改动。这是需要特别说明的。

　　固定语所牵涉的面不只很广，而且，问题还都相当复杂。虽然努力地想就存在着的语言事实作出尽可能合理的判断分析,但限于水平,恐怕未必都能如愿,观点上未必都十分成熟。不过,我倒还是非常乐意地将它拿出来,希望借助它能引出"玉"来,以使固定语的研究能更上一层楼。

本书付梓之际,我要特别感谢恩师刘叔新先生。先生虽已从教学第一线退了下来,但退而不休,仍整天埋头于他所钟爱的学术研究。尽管这样,先生还是忙里偷闲,专门抽出时间来通读了全稿,并为该书作序。

我要特别感谢学院的领导。这本书能顺利得以出版,要归功于学院以石锋院长为首的领导层对学术持之以恒的鼓励与鼎力的支持。这种鼓励与支持,在当下尤其显得珍贵与难得,亦更让我们感动。

2008 年 10 月 28 日记于王顶堤寓所